DÉCRET DU 1ER MARS 1854

PORTANT RÈGLEMENT SUR

L'ORGANISATION & LE SERVICE

DE LA

GENDARMERIE

20e ÉDITION

MISE A JOUR DES TEXTES EN VIGUEUR JUSQU'EN JANVIER 1898

ET ANNOTÉE PAR UN OFFICIER SUPÉRIEUR DE L'ARME

PARIS

HENRI CHARLES-LAVAUZELLE

Éditeur militaire

10, Rue Danton, Boulevard Saint-Germain, 118

(MÊME MAISON A LIMOGES)

DÉCRET DU 1er MARS 1854

PORTANT RÈGLEMENT SUR

L'ORGANISATION & LE SERVICE

DE LA

GENDARMERIE

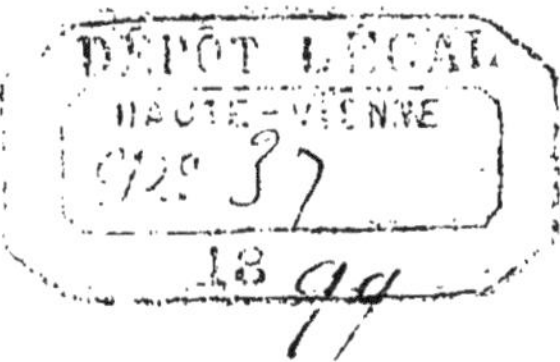

DÉCRET DU 1ER MARS 1854

PORTANT RÈGLEMENT SUR

L'ORGANISATION & LE SERVICE

DE LA

GENDARMERIE

20e ÉDITION

MISE A JOUR DES TEXTES EN VIGUEUR JUSQU'EN JANVIER 1898

ET ANNOTÉE PAR UN OFFICIER SUPÉRIEUR DE L'ARME

PARIS

HENRI CHARLES-LAVAUZELLE

Éditeur militaire

10, Rue Danton, Boulevard Saint-Germain, 118

(MÊME MAISON A LIMOGES)

TABLE DES MATIÈRES

TITRE PRÉLIMINAIRE.

DE L'INSTITUTION DE LA GENDARMERIE.

CHAPITRE UNIQUE.

DISPOSITIONS GÉNÉRALES.

TITRE PREMIER.

DU PERSONNEL.

CHAPITRE PREMIER.

ORGANISATION.

CHAPITRE II.

DE L'AVANCEMENT.

TITRE II.

DES DEVOIRS DE LA GENDARMERIE ENVERS LES MINISTRES ET DE SES RAPPORTS AVEC LES AUTORITÉS CONSTITUÉES.

CHAPITRE PREMIER.

DEVOIRS DE LA GENDARMERIE ENVERS LES MINISTRES.

CHAPITRE II.

RAPPORTS DE LA GENDARMERIE AVEC LES AUTORITÉS LOCALES.

TITRE III.

FONCTIONS INHÉRENTES A CHAQUE GRADE.

CHAPITRE PREMIER (Supprimé).

CHAPITRE II (Supprimé).

CHAPITRE III.

DES OFFICIERS DE GENDARMERIE CONSIDÉRÉS COMME OFFICIERS DE POLICE JUDICIAIRE CIVILE.

CHAPITRE IV.

TITRE IV.

DU SERVICE SPÉCIAL DE LA GENDARMERIE.

CHAPITRE PREMIER.

SERVICE ORDINAIRE DES BRIGADES.

CHAPITRE II.

DES RENCONTRES ET DES TRANSFÈREMENTS DE PRISONNIERS.

CHAPITRE III.

SERVICE EXTRAORDINAIRE DES BRIGADES.

CHAPITRE IV.

DES PROCÈS-VERBAUX.

TITRE V (Supprimé).

TITRE VI (Supprimé).

TITRE VII.

CHAPITRE UNIQUE.

TITRE VIII.

CHAPITRE UNIQUE.

DÉCRET

PORTANT RÈGLEMENT

SUR

L'ORGANISATION & LE SERVICE

DE LA GENDARMERIE

NAPOLÉON, par la grâce de Dieu et la volonté nationale, EMPEREUR DES FRANÇAIS, à tous présents et à venir, SALUT.

Vu la loi du 28 germinal an VI, relative à l'organisation de la gendarmerie nationale;

Vu le décret du 24 messidor an XII, sur les honneurs et préséances;

Vu l'ordonnance du 29 octobre 1820, portant règlement sur le service de la gendarmerie;

Vu la loi du 14 mars 1832 et l'ordonnance du 16 mars 1838, sur l'avancement dans l'armée de terre;

Vu l'ordonnance du 3 mai 1832, sur le service des armées en campagne;

Vu les arrêtés des 5 juillet 1848, 1er février et 6 avril 1849, et les décrets des 11 mai 1850, 10 septembre 1870, 23 juin 1871, 28 mars 1872 et 27 novembre 1879, relatifs à l'organisation d'un bataillon de gendarmerie mobile et de la garde républicaine;

Vu les décrets des 22 décembre 1851 et 20 janvier 1852, portant réorganisation de la gendarmerie;

Vu le décret du 19 février 1852, qui détermine la composition des cadres;

Vu le décret du 10 juillet 1852, qui fixe le nombre des emplois d'enfant de troupe attribués aux corps et compagnies de l'arme;

Considérant que, depuis la mise en vigueur de l'ordonnance du 29 octobre 1820 susvisée, de nombreuses modifications ont été apportées aux dispositions de cette ordonnance;

Considérant qu'il importe de mettre le service spécial de la gendarmerie en harmonie avec les institutions nationales et avec les principes constitutifs des autres corps de troupe;

Sur le rapport du Ministre de la guerre,

IL A ÉTÉ DÉCRÉTÉ ce qui suit :

TITRE PRÉLIMINAIRE.

DE L'INSTITUTION DE LA GENDARMERIE.

CHAPITRE UNIQUE.

DISPOSITIONS GÉNÉRALES.

SECTION PREMIÈRE.

SPÉCIALITÉ DU SERVICE DE L'ARME.

Art. 1er. La gendarmerie est une force instituée pour veiller à la sûreté publique et pour assurer le maintien de l'ordre et l'exécution des lois.

Une surveillance continue et répressive constitue l'essence de son service.

Son action s'exerce dans toute l'étendue du territoire continental et colonial de la République, ainsi que dans les camps et armées.

Elle est particulièrement destinée à la sûreté des campagnes et des voies de communication.

Art. 2. Le corps de la gendarmerie est une des parties intégrantes de l'armée; les dispositions générales des lois militaires lui sont applicables, sauf les modifications et les exceptions que son organisation et la nature mixte de son service rendent indispensables.

Art. 3. Le corps de la gendarmerie prend rang dans l'armée à la droite de toutes les troupes des diverses armes (1).

Art. 4. Les officiers de tout grade, dans la gendarmerie, sont nommés par le Président de la République, sur la présentation du Ministre de la guerre. Les sous-officiers, brigadiers et gendarmes sont nommés par le Ministre de la guerre et commissionnés par lui.

Aux colonies, les admissions des gendarmes et les promotions des chefs de brigade sont effectuées, à titre provisoire, par le commandant de la gendarmerie, qui les soumet à l'approbation du Ministre.

Art. 5. En raison de la nature mixte de son service, la gendarmerie se trouve placée dans les attributions des Ministres

De la guerre,

De l'intérieur,

(1) Voir l'article 250 du décret du 4 octobre 1891, sur le service des places.

De la justice,
De la marine,
Des colonies.

La nature des rapports directs et permanents que les officiers de gendarmerie doivent entretenir avec les différents Ministres est déterminée au titre II du présent décret.

SECTION II.

DU SERMENT IMPOSÉ AUX MILITAIRES DE LA GENDARMERIE.

Art. 6. Les militaires de la gendarmerie, avant d'entrer en fonctions, sont tenus de prêter serment d'après la formule suivante, qui est mentionnée en marge des commissions et lettres de service :

« Je jure d'obéir à mes chefs en tout ce qui concerne le service auquel je suis appelé, et, dans l'exercice de mes fonctions, de ne faire usage de la force qui m'est confiée que pour le maintien de l'ordre et l'exécution des lois. »

Ce serment est reçu par les présidents des tribunaux de première instance, siégeant en audience publique ; il en est dressé acte, dont une expédition, délivrée sans frais, est remise au commandant de la gendarmerie, qui l'adresse au Ministre de la guerre, par la voie hiérarchique.

Les officiers, sous-officiers, brigadiers et gendarmes, pour être admis à prêter serment devant les tribunaux, doivent être porteurs des lettres de service ou commissions qui leur ont été délivrées par le Ministre, et qui seules leur donnent le caractère d'agents de la force publique.

Les gendarmes réservistes et territoriaux n'ont pas à recevoir de nouvelles commissions au moment de la mobilisation ni à renouveler leur serment.

Voir les articles 33 et 61 du règlement du 10 juillet 1897, sur le service intérieur, pour l'inscription de la prestation du serment sur le folio mobile, sur le livret de l'homme et sur le registre matricule de la compagnie.

Art. 7. Lorsque les militaires de la gendarmerie ont à prêter leur serment, s'ils font partie de l'arrondissement du chef-lieu de légion, le colonel prévient par écrit le président du tribunal, pour que ces militaires puissent être admis à cette prestation à la plus prochaine audience.

Dans les autres résidences, l'officier commandant la gendarmerie du lieu où siège le tribunal prévient également par écrit le président.

Les officiers, sous-officiers, brigadiers et gendarmes employés dans la résidence doivent toujours assister en grande tenue aux prestations de serment, s'ils n'en sont empêchés par les exigences du service.

Art. 8 à 11 (1).

TITRE PREMIER.

DU PERSONNEL.

CHAPITRE PREMIER.

ORGANISATION.

SECTION PREMIÈRE.

ORGANISATION DE LA GENDARMERIE.

Art. 12. La gendarmerie est répartie par brigades sur tout le territoire de la France, de l'Algérie et des colonies.

Ces brigades sont à cheval ou à pied (2).

L'effectif des brigades à cheval de l'intérieur est de cinq hommes (y compris le chef de poste). Cet effectif pourra être augmenté de un ou de deux hommes, soit à pied soit à cheval, selon les nécessités du service.

L'effectif des brigades à pied de l'intérieur est de quatre, cinq, six ou sept hommes (y compris le chef de poste), selon l'importance de la circonscription (3).

Les brigades de gendarmerie de l'Algérie sont constituées uniformément à cinq hommes (y compris le chef de poste).

Toutes ces brigades, à cheval comme à pied, sont commandées soit par un brigadier, soit par un sous-officier.

Les brigades de gendarmerie de la 15e légion *ter* (Corse) conservent l'organisation spéciale qui leur a été donnée par le décret du 24 octobre 1851 et celui du 28 mars 1868.

---

(1) Articles 8 à 11 supprimés comme se rapportant aux inspections générales réglementées annuellement.

(2) Toutes les fois que les commandants de compagnie et d'arrondissement qui ont mission d'examiner au premier degré les questions touchant à l'assiette des brigades auront à consulter le procureur de la République du ressort sur une affaire de cette nature, ils doivent transmettre la réponse de ce magistrat au chef de légion, en même temps que le dossier. Ce dernier, en demandant l'avis du procureur général, a soin de lui adresser en communication le rapport déjà transmis, afin de permettre à ce haut magistrat de se prononcer sans nouvelle enquête. (Circ. min., 26 septembre 1891.)

(3) Voir la décision présidentielle du 10 février 1894.

En Algérie et en Tunisie, des indigènes à pied et à cheval sont attachés à un certain nombre de brigades, à titre d'auxiliaires.

Les brigades à pied réunissant les conditions mentionnées ci-après, peuvent être ramenées à quatre hommes, y compris le chef de brigade.

a) Brigades à pied situées dans les centres agricoles et ne comprenant, dans leur circonscription, que 10,000 à 12,000 habitants et n'ayant que de une à quatre communes externes à surveiller, éloignées de 10 à 11 kilomètres du chef-lieu de la brigade (distance moyenne).

On doit comprendre, comme faisant partie de la population agricole, certaines agglomérations ouvrières employées dans les petites industries du pays par groupe de 20, 50, 60, 80, etc., composées de gens domiciliés dans le pays et y ayant leurs intérêts.

b) Brigades à pied de tous les centres (chefs-lieux de légion, de compagnie, d'arrondissement et de canton) ayant une ou plusieurs brigades à cheval ou à pied.

c) Brigades à pied réunissant les conditions indiquées dans la catégorie *a* (10,000 à 12,000 habitants et population agricole), mais ayant cinq ou six communes externes à surveiller, situées à une distance moyenne de 8 à 10 kilomètres du chef-lieu de la brigade. (Décision présidentielle du 10 février 1894.)

Dans le but d'éviter à l'Etat des dépenses d'indemnité de service extraordinaire et de frais de route, les postes provisoires seront composés, en permanence, des mêmes hommes pris à la brigade dans la circonscription de laquelle ils se trouvent; cette brigade serait portée, à cet effet, à six ou sept hommes.

Dès que les postes, dont il s'agit, deviendront inutiles, l'effectif de ces brigades serait ramené à cinq hommes (même décision).

Un décret du 18 avril 1887 décide qu'à partir de cette date, l'année de service de la gendarmerie en Corse sera comptée en sus comme année de campagne.

Art. 13. Le commandement et la direction du service de la gendarmerie appartiennent, dans chaque arrondissement administratif, à un officier du grade de capitaine ou de lieutenant; dans chaque département, à un officier du grade de chef d'escadron.

La gendarmerie d'un département forme une compagnie qui prend le nom de ce département.

Plusieurs compagnies, selon l'importance du service et de l'effectif, forment une légion.

Par exception, la gendarmerie affectée au service de surveillance en Corse constitue une légion.

Art. 14. Le corps de la gendarmerie se compose :

1° De vingt-sept légions pour le service des départements et de l'Algérie et d'un détachement pour le service de la Tunisie;

2° De la gendarmerie coloniale;

3° De la garde républicaine, chargée du service spécial de surveillance dans la capitale.

L'organisation de la gendarmerie comporte des enfants de

troupe. Leur nombre et les conditions de leur admission sont déterminés par des décisions spéciales.

Par dérogation aux dispositions spécifiées en l'article 2 de la loi du 13 mars 1875, sur la constitution des cadres et des effectifs de l'armée active et de l'armée territoriale (*Mémorial*, 9e vol., p. 182), les cadres et l'effectif de la gendarmerie peuvent être modifiés, dans la limite des crédits ouverts, suivant les besoins du service. Cette composition demeure subordonnée aux circonstances variables intéressant la sûreté publique. Un décret présidentiel suffit pour modifier les cadres, les effectifs et les emplacements des brigades.

Pour les conditions d'admission des enfants de troupe, voir la loi du 19 juillet 1884, ayant pour objet la suppression des enfants de troupe dans les régiments et la création de six écoles militaires préparatoires, et l'instruction du 12 avril 1888 (1).

Art. 15. La hiérarchie militaire, dans la gendarmerie des départements, de l'Algérie, de la Tunisie et des colonies, se compose des grades ci-après :

Brigadier	Commandant de brigade (à pied ou à cheval). Secrétaire du chef de légion (à pied).
Maréchal des logis	Commandant de brigade (à pied ou à cheval). Adjoint au trésorier (à pied).
Maréchal des logis chef.	
Adjudant.	
Sous-lieutenant ou lieutenant	Commandant d'arrondissement ou de section. Trésorier.
Capitaine	Commandant d'arrondissement ou de section. Trésorier.
Chef d'escadron commandant de compagnie.	
Lieutenant-colonel ou colonel chef de légion.	

Art. 16. Le nombre des emplois de maréchal des logis, dans l'une et l'autre arme, est dans la proportion du tiers du nombre des brigades de chaque légion, défalcation faite de celles qui sont commandées par un adjudant ou un maréchal des logis chef.

Il n'est dérogé à ce principe que pour la gendarmerie de la Corse.

Le maréchal des logis chef est placé au chef-lieu d'arrondissement ou de section.

L'adjudant est placé au chef-lieu de compagnie.

Le sous-lieutenant et le lieutenant sont chargés indistinctement des mêmes fonctions.

---

(1) Voir l'instruction sur les conditions d'admission aux places d'enfants de troupe et dans les écoles militaires préparatoires. En vente à la librairie Henri Charles-Lavauzelle. (Prix : 0 fr. 60.)

Le capitaine trésorier est affecté à la compagnie où se trouve le chef-lieu de la légion.

Une légion est commandée par un colonel ou par un lieutenant-colonel.

Dans les corps d'armée ne comprenant qu'une légion, le commandement est confié indifféremment à un colonel ou à un lieutenant-colonel.

Dans les corps d'armée comprenant une légion *bis*, celle du chef-lieu est placée sous les ordres d'un colonel et l'autre sous les ordres d'un lieutenant-colonel.

La hiérarchie des grades, pour la garde républicaine, est la même que pour la gendarmerie des départements, sauf les exceptions qui résultent de l'organisation régimentaire de ce corps.

SECTION II.

MODE DE RECRUTEMENT ET CONDITIONS D'ADMISSION.

Art. 17. Les emplois de gendarme sont donnés à des militaires en activité, ou dans leurs foyers, quel que soit le corps dans lequel ils ont servi, lorsqu'ils réunissent d'ailleurs les conditions d'âge, de taille, d'instruction et de bonne conduite déterminées par l'article suivant.

Art. 18. Les conditions d'admission dans la gendarmerie sont :

1° D'être âgé de 25 ans au moins et de 35 ans au plus (les anciens gendarmes seuls peuvent être réadmis jusqu'à 40 ans, pourvu qu'ils puissent compléter à 55 ans le temps de service exigé pour la retraite. En principe, la limite d'âge pour la retraite des sous-officiers, brigadiers et gendarmes est fixée à 55 ans, sans que le maintien en activité jusqu'à cet âge puisse être invoqué comme un droit) ;

2° D'avoir au moins la taille de 1m,66, arme à cheval et arme à pied ;

3° D'avoir servi activement sous les drapeaux pendant trois ans au moins, et de ne pas avoir quitté soit l'armée, soit la gendarmerie, depuis plus de trois ans.

Les appelés ou les engagés qui ont servi sous le régime de la loi du 15 juillet 1889 et ont été renvoyés dans leurs foyers par anticipation après avoir satisfait à toutes les obligations imposées à leurs classes respectives au point de vue de la durée du service sont considérés, pour l'admission dans la gendarmerie, comme ayant accompli intégralement, dans l'armée active, les trois années fixées par l'article 37 de ladite loi. Il en est de même des ajournés (article 18 de la loi de 1872) et des dispensés envoyés en congé après plus de deux ans et six mois de service ;

4° De savoir lire et écrire correctement ;

5° De justifier, par des attestations légales, d'une bonne conduite soutenue.

Des élèves peuvent également être admis dans la garde républicaine (arme à pied et arme à cheval) et dans la gendarmerie de l'intérieur, de Corse, d'Algérie et de Tunisie (arme à cheval seulement, à raison d'un élève par brigade au maximum). Ils se recrutent parmi les mêmes éléments que les gendarmes ou gardes titulaires, c'est-à-dire parmi les engagés, les rengagés, les commissionnés, en activité ou libérés, et parmi les appelés des classes renvoyées dans leurs foyers. Ils peuvent être admis dès l'âge de vingt-deux ans (1).

Pour la garde républicaine à cheval, les hommes doivent avoir au moins $1^{m},70$ de taille. Cette condition n'est pas exigée des hommes qui demandent à concourir pour l'arme à pied. (Instruction sur les inspections générales.)

Les uns et les autres doivent être célibataires ou veufs sans enfants. (Décis. minist. du 3 avril 1896.)

La gendarmerie à pied (intérieur, Algérie, Corse et colonies) ne comprend que des gendarmes titulaires, c'est-à-dire des militaires ayant atteint l'âge de 25 ans, fixé par la loi pour la prestation de serment et la validité des procès-verbaux.

Les candidats à l'arme à pied peuvent être proposés dès l'âge de 24 ans, sauf à n'être nommés qu'à 25 ans.

La gendarmerie à cheval (intérieur, Algérie et Corse) peut admettre, outre des gendarmes titulaires, des élèves-gendarmes âgés de moins de 25 ans, mais à raison d'un seulement par brigade.

Seule, la légion de la garde républicaine admet, aussi bien dans l'arme à pied que dans l'arme à cheval, des gardes titulaires et des élèves gardes.

Les conditions d'admission pour les élèves sont les mêmes que pour les titulaires, sauf cette seule différence que les premiers peuvent être admis dès l'âge de 22 ans révolus.

Ceux qui demandent la garde républicaine, où le service est exceptionnellement pénible, doivent être absolument robustes et ne présenter aucun signe d'affaiblissement pouvant prédisposer l'organisme à la tuberculose. (Note du 27 novembre 1892.)

Les candidats qui sollicitent l'Algérie ou la Tunisie doivent être prévenus qu'ils ne peuvent y être admis qu'après les militaires des légions de l'intérieur (généralement très nombreux, surtout ceux de l'arme à pied), régulièrement proposés aux inspections générales de la gendarmerie pour l'une ou l'autre de ces destinations.

En aucun cas et pour quelque motif que ce soit, les candidats ne peuvent être nommés gendarmes dans leur département d'origine.

En Afrique, il peut être admis des auxiliaires indigènes à pied et à cheval, choisis soit parmi les spahis, soit parmi les tirailleurs indigènes possesseurs d'une carte d'identité, c'est-à-dire s'étant pourvus d'un nom patrony-

---

(1) Ces élèves sont compris dans l'effectif des brigades, qui, par suite, ne subissent de ce fait aucune augmentation.

Ils ont la tenue des gendarmes titulaires et sont remontés d'après les règles fixées pour ces derniers.

Lorsqu'ils atteignent l'âge de vingt-cinq ans, les élèves sont proposés au Ministre pour être titularisés, si toutefois leur conduite et leur manière de servir ont été exemptes de reproches. Dans le cas contraire, ils sont déférés à une commission composée comme le conseil de discipline et qui fait connaître son avis sur l'opportunité de les conserver dans la gendarmerie.

mique conformément aux dispositions de la loi du 13 mars 1882. Leur nombre ne pourra dépasser deux indigènes par brigade. (Décret du 3 octobre 1860 et décis. présid. du 16 mai 1878.)

Pour les tirailleurs algériens qui sollicitent l'emploi d'auxiliaire indigène à cheval, les propositions doivent être accompagnées d'un certificat constatant l'aptitude équestre.

Une lettre ministérielle du 22 mars 1882 prescrit aux commandants de compagnie de gendarmerie de prévenir les candidats qu'ils doivent les informer immédiatement quand, pour quelque motif que ce soit, ils désirent que leurs demandes ne soient pas suivies d'effet. Ces officiers supérieurs doivent en rendre compte à leur tour pour que le Ministre puisse annuler les candidatures et éviter des complications dans les écritures.

Une circulaire ministérielle du 10 avril 1878 décide que les militaires non gradés des différents trains (artillerie, génie ou équipages militaires) pourront concourir pour l'arme à cheval s'ils réunissent les conditions exigées pour cette arme. (Voir les instructions sur les inspections générales.)

L'instruction hippique doit toujours être vérifiée et attestée par le commandant de compagnie pour les candidats proposés pour l'arme à cheval, surtout lorsqu'il s'agit d'ex-canonniers conducteurs ou servants de l'artillerie, de sapeurs conducteurs du génie, ainsi que de cavaliers-ordonnances du train des équipages. Le certificat d'aptitude doit être joint au mémoire de proposition.

La décision présidentielle du 14 avril 1893 modifiant les conditions d'admission dans la gendarmerie départementale et fixant la limite d'âge à 55 ans est applicable à la gendarmerie maritime. (Circ. du Ministre de la marine en date du 31 mars 1894.)

La moralité des candidats doit avoir été satisfaisante aussi bien avant leur incorporation que depuis leur départ de l'armée.

Le candidat dont la famille comprend des membres peu honorables n'est pas nécessairement rejeté pour ce motif, s'il est lui-même d'une moralité irréprochable.

Tout candidat marié doit faire établir une attestation authentique de la moralité de sa femme pour être jointe à l'appui de la proposition le concernant.

Aucune autre pièce ne pouvant tenir lieu de certificat de bonne conduite, les « attestations de repentir » délivrées par les corps disciplinaires ne doivent pas être mises à l'appui des propositions pour la gendarmerie.

Si le candidat ne satisfait pas aux conditions d'âge, de taille ou de durée du service, le commandant de la compagnie rejette la demande ; mais s'il s'agit de tout autre motif (défaut d'instruction, de conduite ou de moralité), il y a lieu d'en référer au Ministre, qui statue. (Instruction sur les inspections générales.)

Dans tous les cas, le commandant de compagnie rend compte au Ministre de tout rejet de candidature, prononcé par lui, dans un rapport très sommaire accompagné, selon le motif, du certificat de toisé, du certificat médical, de la dictée ou du folio de punitions.

Art. 19. Les militaires en activité qui réunissent les conditions d'admission ci-dessus déterminées peuvent être proposés pour la gendarmerie.

Les militaires qui rentrent dans leurs foyers avant d'avoir été nommés ont à se faire proposer de nouveau par le chef d'escadron commandant la compagnie dans la circonscription de laquelle ils se sont retirés.

Art. 20. En cas d'admission, les militaires en activité provenant d'un corps de troupe sont tenus de compléter, dans la gendarmerie, le temps de service exigé par l'engagement qu'ils auront contracté.

Art. 21. Les militaires envoyés en congé en attendant le passage dans la réserve de la classe à laquelle ils appartiennent, et ceux qui sont libérés définitivement du service actif, sont proposés pour la gendarmerie par les chefs de légion, sur la présentation des commandants de compagnie, qui demeurent responsables de l'exécution des conditions d'admission.

Les chefs de légion peuvent aussi proposer des militaires en activité de service qui se trouveraient momentanément dans leurs foyers, mais à la condition, pour ceux-ci, de produire le consentement de leurs chefs de corps.

Si les commandants de compagnie proposent des hommes ne réunissant pas les conditions d'aptitude exigées, les frais de solde, de route, etc., peuvent être mis à leur charge. (Circ. minist. du 24 mars 1852.)

Mêmes dispositions pour les médecins (10 juin 1882).

Art. 22. Tout mémoire de proposition d'admission dans la gendarmerie établi, par un commandant de corps ou de compagnie, en faveur d'un militaire rentré dans ses foyers, doit porter les indications suivantes :

1° La position du militaire au moment où il a quitté le service ;

2° Les ressources pécuniaires dont il peut disposer pour subvenir aux frais de son équipement ;

3° Sa position civile (célibataire, marié, veuf, et, dans ces deux derniers cas, le nombre de ses enfants, s'il en a) ;

4° Le détail de ses services antérieurs.

On joint toujours au mémoire de proposition dont le postulant est l'objet : Une demande écrite de sa main, en présence du commandant du corps ou de la compagnie ; — Son acte de naissance dûment légalisé ; — Son congé définitif, avec un certificat de bonne conduite, ou, à défaut, le congé provisoire qui l'autorise à rentrer dans ses foyers ; — Un certificat de bonne vie et mœurs délivré par l'autorité locale, s'il est rentré dans ses foyers depuis plus de six mois ; — Un relevé des punitions subies par lui à son dernier corps ; — Un certificat de métrage délivré par le commandant du corps ou de la compagnie, et un certificat de visite rédigé par l'officier de santé en chef de l'hôpital du chef-lieu, indiquant que cette visite a eu lieu en présence du commandant ; — Un relevé du casier judiciaire ; — Une page d'écriture faite sous la dictée.

Ce mémoire, établi en double expédition, sous la responsabilité du commandant du corps ou de la compagnie, est visé par le sous-intendant militaire.

A la demande écrite par le candidat doit être jointe une page entière faite sous la dictée.

Le Ministre doit être informé immédiatement de toute modification survenant dans la position des candidats gendarmes, notamment s'ils se marient dans l'intervalle de temps qui s'écoule entre l'époque de leur proposition et de leur admission; dans ce cas, indépendamment de la moralité de la femme et de celle de sa famille, le rapport doit faire connaître la profession qu'elle exerce et les ressources dont elle dispose. (Lettre circ. du Ministre de la guerre en date du 10 décembre 1895.)

Lorsqu'il s'agit d'un candidat ayant une résidence autre que celle du chef-lieu de département, le commandant de compagnie charge le chef de brigade dont dépend cette résidence du soin de s'assurer, par un examen préalable des pièces du candidat, que ce dernier remplit les conditions exigées au point de vue de l'âge, de la durée des services, de la taille, de la conduite, etc. Le chef de brigade en consigne le résultat dans un rapport sommaire qu'il adresse au commandant de compagnie, en y joignant quelques lignes écrites sous la dictée par l'intéressé. Muni de ces renseignements, le commandant de compagnie apprécie s'il doit ou non convoquer le candidat, afin de lui éviter des dépenses inutiles.

Les hommes du contingent et des enrôlements de la Seine ne peuvent être proposés pour la garde républicaine ou la compagnie de la Seine qu'après enquête approfondie établissant qu'ils sont de très bons sujets. Dans ce cas, les rapports sont joints au dossier.

Les anciens militaires d'origine corse ne peuvent être proposés que pour la garde républicaine ou la gendarmerie de l'intérieur, de l'Algérie, de la Tunisie ou des colonies, à l'exclusion de la 15e légion *ter*, dans laquelle ils ne doivent être admis qu'après avoir servi pendant trois ans dans un autre corps ou légion de gendarmerie.

L'état signalétique et des services ainsi que le relevé des punitions sont établis par les soins du corps d'affectation pour les hommes de la réserve, et ce soin incombe au bureau de recrutement pour les hommes de l'armée territoriale et sa réserve. (Note minist. du 7 février 1877.)

Les anciens militaires qui n'ont pas droit à la première mise d'équipement sont tenus de remettre à l'officier chargé d'établir le mémoire de proposition une déclaration par laquelle ils s'engagent à verser, au moment de leur admission, la somme déterminée par le complet de leur masse. Faute par eux de remplir cet engagement, leur nomination sera immédiatement annulée.

Il est fait exception à cette règle en faveur des anciens militaires qui sollicitent leur admission dans la gendarmerie coloniale; ils peuvent être proposés lors même que, n'ayant pas droit à la première mise d'équipement, ils ne seraient pas en mesure d'effectuer un versement équivalent. (Instr. sur les inspections générales de la gendarmerie.)

L'extrait du casier judiciaire est établi sur papier non timbré, moyennant 0 fr. 25, par les greffiers.

Le coût est à la charge des candidats. (Lettre collective n° 4 du 12 avril 1893.)

Lorsqu'il s'agit d'anciens gendarmes à réadmettre, le commandant de compagnie a, tout d'abord, soin de se faire adresser des renseignements sur leur compte par les compagnies où ils ont servi en dernier lieu. Il joint au dossier de proposition qu'il établit ensuite le rapport qui lui est parvenu, ainsi qu'un nouvel extrait du casier judiciaire à la date du jour.

Le commandant de compagnie fait exercer une surveillance constante sur les candidats dans leurs foyers et n'hésite pas à signaler sur l'état mensuel, établi en exécution de la note ministérielle du 23 janvier 1891 relative aux hommes dont la candidature doit être annulée, ceux dont la conduite laisse à désirer et surtout ceux qui auraient subi une condamnation depuis l'époque de leur proposition. Enfin, il provoque également la radiation des candidats qui, s'étant mariés dans des conditions désavantageuses, pourraient, par suite d'une union peu convenable, devenir une cause de trouble dans les casernes, ou de déconsidération pour l'arme.

Il mentionne également les candidats qui ne sont plus susceptibles d'être admis dans l'arme, soit qu'ils aient atteint l'âge maximum (35 ou 40 ans suivant le cas), fixé par l'article 18 du décret du 1er mars 1854, soit qu'ils ne puissent plus compléter, à 55 ans d'âge, le temps de service exigé pour la retraite à titre d'ancienneté.

La nomination des nouveaux admis n'est définitive qu'à la suite de l'examen de l'aptitude physique qui a lieu avant leur mise en route.

Tout nouvel admis, à qui cette seconde visite est défavorable, doit être envoyé immédiatement devant la commission spéciale de réforme, suivant l'avis de laquelle le Ministre statue à son égard.

L'annulation de la nomination cesse de pouvoir être prononcée lorsque la masse de l'homme est constituée.

L'aptitude au service de la gendarmerie comporte en général les mêmes conditions qui font l'objet de l'instruction du 13 mars 1894 sur l'aptitude physique au service militaire, soit pour l'infanterie, soit pour la cavalerie, suivant qu'il s'agit de candidats se destinant à l'arme à pied ou à l'arme à cheval. (Note minist. du 27 novembre 1892.)

Avis doit être donné au recrutement lors de l'admission dans la gendarmerie de militaires qui n'ont pas encore accompli 25 ans de service militaire. (Circulaire ministérielle du 10 juillet 1879.) Notification doit également être faite en cas de réadmission dans l'arme de gendarmes réservistes. (Instruction du 28 décembre 1895, art. 306.)

Art. 23. Aussitôt après l'arrivée des militaires venant de l'armée par décision ministérielle, les commandants de corps ou de compagnie adressent hiérarchiquement des mémoires de proposition fictifs et sans pièces.

Les commandants de compagnie ne doivent jamais omettre de mentionner, en tête des mémoires de proposition, si le candidat a déjà ou non été proposé à son corps, mais seulement pour ceux qui ont quitté l'armée depuis moins de six mois.

SECTION III.

DES CHANGEMENTS DE RÉSIDENCE.

Art. 24. Les militaires de tout grade de la gendarmerie sont tenus de résider dans le lieu qui leur est assigné par la lettre de service ou la commission qu'ils ont reçue du Ministre de la guerre.

Aucun changement de corps ou de résidence, soit pour l'avantage personnel des officiers, sous-officiers, brigadiers et gendarmes, soit dans l'intérêt du service, ne peut être ordonné que par le Ministre.

Les nouveaux admis restent au chef-lieu de la compagnie jusqu'au moment où ils sont équipés, armés et habillés. (Circ. minist. du 13 décembre 1861.)

Art. 25. Les changements de corps ou de résidence sont proposés, soit dans l'intérêt du service, soit par mesure de discipline, soit sur la demande des officiers, sous-officiers, brigadiers et gendarmes, à l'époque des inspections générales.

Dans le cours de leur inspection, les inspecteurs généraux peuvent ordonner d'urgence les changements de résidence des sous-officiers, brigadiers et gendarmes dans la circonscription de la même légion. Il en est rendu compte au Ministre.

Si, dans l'intervalle d'une revue à l'autre, des raisons de service ou de discipline exigent que des sous-officiers, brigadiers ou gendarmes soient changés de résidence dans l'étendue de la même légion, le colonel peut proposer cette mesure au Ministre. Dans le cas de nécessité impérieuse, il est autorisé à l'ordonner d'urgence, sauf à rendre compte immédiatement par la voie du commandement.

Les comptes rendus doivent parvenir au Ministre, par l'intermédiaire du commandement, appuyés d'un rapport circonstancié. (V. les instr. sur les inspections générales.)

Les chefs de légion sont chargés de répartir dans les brigades les nouveaux admis et d'opérer les changements arrêtés par le travail d'inspection générale et ceux d'urgence qu'ils croiraient utiles dans l'intérêt du service. Aux termes de la circulaire du 7 mars 1872, lorsque le travail d'inspection est approuvé par le Ministre, les chefs de légion reçoivent des ordres de passe pour les hommes en instance de changement et les font aller dans les résidences demandées au fur et à mesure que les vacances se produisent.

Les changements de compagnie et les changements de résidence dans chaque compagnie de gendarmerie maritime sont prononcés (sauf pour les officiers) par les vice-amiraux commandant en chef, préfets maritimes, au nom et par délégation du Ministre. (Note ministérielle du 13 avril 1894.)

Les demandes de changement par mesure de discipline doivent être transmises, accompagnées du relevé des punitions, au Ministre de la guerre, qui prononce, par l'intermédiaire du commandant du corps d'armée. (Circ. minist. des 8 février 1876 et 28 décembre 1881.)

Les changements de résidence par mesure de discipline sont inscrits à l'encre rouge sur les folios de punition : ils annulent les punitions qui les motivent. (Note ministérielle du 5 novembre 1890.)

Les demandes de changement de résidence pour convenance personnelle ne peuvent être faites par les officiers qu'au moment des inspections et si les postulants ont deux ans de résidence avant le 31 décembre de l'année courante.

Ce délai court à dater de la décision qui a nommé l'intéressé dans sa résidence actuelle et non du jour de son arrivée dans cette résidence.

Les demandes sont revêtues de l'avis des chefs de légion et des commandants de corps d'armée sous les ordres desquels les officiers sont placés et demandent à être placés. (Instr. sur le service courant.) Ces adhésions sont également exigées pour les changements de fonctions. En cas d'avis défavorables ou contradictoires émis par les diverses autorités militaires intéressées, le Ministre apprécie et statue. (Instr. complémentaire pour l'inspection de la gendarmerie.)

Ces demandes, qui font expressément mention des motifs pour lesquels elles sont formulées (note ministérielle du 13 septembre 1893), sont accompagnées du relevé des notes données par le chef de légion aux trois dernières inspections. Elles doivent rappeler le nombre et la date des changements antérieurs dans le grade actuel pour convenances personnelles et être faites assez tôt pour pouvoir être complétées et revenues à la légion où sert l'officier, lors de l'arrivée de l'inspecteur général, qui les joint au travail d'inspection ou les transmet au Ministre, s'il y a urgence. (Instr. sur les inspections générales de la gendarmerie.)

En dehors des inspections générales, aucun changement de résidence ne peut être proposé en faveur des officiers, si ce n'est dans l'intérêt du service, par mesure de discipline ou par permutation. Dans ces trois cas, les deux années de présence ne sont pas exigées, mais il doit toujours être tenu compte du lieu de naissance et du mariage de l'officier.

Les demandes de permutation sont revêtues, comme celles pour convenances personnelles, des quatre avis réglementaires, et sont transmises au Ministre de la guerre par l'un ou l'autre des commandants de corps d'armée. Si l'un des officiers généraux précités refuse son consentement, il est tenu d'en faire connaître les motifs et le Ministre décide en dernier ressort. (Articles 55 et 57 de l'ordonnance du 15 mars 1838 sur l'avancement.)

Les changements d'urgence dans l'intérêt du service peuvent motiver une demande de secours en faveur des militaires de tout grade qui en sont l'objet. (Circ. minist. du 4 avril 1878.)

Dans le but d'assurer la liberté d'action des officiers, sous-officiers, brigadiers et gendarmes, les militaires de l'arme ne peuvent être employés, savoir : un commandant de compagnie dans son département, un commandant d'arrondissement dans son arrondissement, un chef de brigade ou un gendarme dans son canton d'origine ou centre de la famille de la femme. (Circ. minist. du 13 juin 1868 et inst. sur les inspections.)

Les militaires nés en Corse ne peuvent y être envoyés qu'après trois ans de résidence dans la gendarmerie du continent. (Circ. minist. du 10 juillet 1872.)

Les militaires de la garde républicaine ne peuvent solliciter leur passage en province que s'ils justifient de trois années de service dans la légion au 31 décembre de l'année courante.

Le temps passé dans leur ancienne résidence par les militaires déplacés dans l'intérêt du service peut entrer en ligne de compte, pour la supputation des deux années de séjour exigées de tout sous-officier, brigadier et gendarme sollicitant une mutation pour convenances personnelles. L'inspecteur général apprécie les circonstances qui ont motivé ce déplacement.

(Voir, pour les changements de résidence et les permutations, les instructions sur les inspections générales de gendarmerie.)

Les militaires de la gendarmerie maritime ne peuvent pas permuter avec des militaires de la gendarmerie des départements. (Lettres du Ministre de la guerre au Ministre de la marine des 31 janvier, 29 mai 1873 et 16 septembre 1881.)

Un officier venant de l'armée peut retourner dans son arme en permutant avec un officier de son grade candidat pour passer dans la gendarmerie. (Décision du 11 janvier 1854.)

Art. 26. Les changements de corps ou de légion sont autorisés pour les gendarmes sur l'adhésion écrite et réciproque des deux chefs de corps ou de légion. Cette adhésion n'est valable que dans l'intervalle d'une inspection à l'autre. Quant aux sous-officiers et brigadiers, les changements n'ont lieu qu'aux mêmes conditions et par permutation à grade égal.

Cette restriction n'est pas applicable aux sous-officiers et brigadiers employés en Corse, en Afrique et aux colonies. Ils peuvent être rappelés en France, sans permutation, après un séjour de six années consécutives et après deux ans d'activité dans leur grade, s'ils prouvent, d'ailleurs, qu'ils possèdent les ressources nécessaires pour faire face aux dépenses de leur équipement. Ceux que des raisons de santé suffisamment justifiées mettent dans l'impossibilité de continuer à servir en Corse, en Afrique ou aux colonies sont rappelés dans l'intérieur en dehors des conditions précitées.

Les sous-officiers, brigadiers et gendarmes débiteurs ne peuvent, pour convenance personnelle, obtenir leur changement de légion, ni même de compagnie dans la légion, avant d'avoir acquitté les sommes qu'ils redoivent aux caisses ; ils doivent être, en outre, convenablement montés, habillés et équipés.

Les chefs de légion apprécient dans quelles conditions ceux de leurs subordonnés (officiers et troupe) qui, étant désignés pour changer de résidence, ont adressé aux compagnies de chemins de fer une demande de réduction de tarif pour le transport de leur famille, peuvent être autorisés à attendre, à leur poste, la réponse à cette demande.

L'instruction du 26 janvier 1895 indique le modèle d'après lequel doit être établie cette demande, qui est transmise d'urgence et directement au Ministre par le chef de brigade.

Les sous-officiers et brigadiers peuvent demander à toute époque de l'année à permuter entre eux ; leurs demandes doivent être accompagnées de l'adhésion écrite et réciproque des chefs de légion.

Lorsqu'un militaire change de corps ou de position, étant l'objet d'une proposition d'avancement, de récompense, de gratification, etc., le chef de légion est tenu d'en informer le Ministre. (Instruction sur les inspections générales communes à toutes les armes.)

Deux années de résidence ne sont pas exigées pour les permutations. (Circ. du 18 avril 1875.)

Les militaires de la gendarmerie coloniale ne peuvent être replacés dans la gendarmerie métropolitaine qu'après qu'une commission de réforme aura statué sur la possibilité de leur maintien au service.

Aussitôt qu'ils ont reçu une affectation à l'intérieur, ils doivent rejoindre leur poste, sauf à solliciter un congé ou une permission de leurs nouveaux chefs, s'ils ont encore besoin de repos. Cette dernière prescription est également applicable aux officiers. (Note ministérielle du 30 novembre 1894 et instruction sur les inspections générales de la gendarmerie.)

Les hommes désignés pour le service colonial sont tenus de se présente de nouveau, avant leur embarquement, au détail des services du port, afin d'être soumis à un dernier examen médical. (Circ. du Sous-Secrétaire d'Etat des colonies en date du 25 octobre 1890.)

Les gendarmes coloniaux peuvent obtenir des congés administratifs. (V. la décis. présid. du 18 septembre 1896.)

Lorsqu'il s'agit du passage de l'arme à cheval dans l'arme à pied, il est exigé un certificat délivré, autant que possible, par un médecin militaire et joint au livret d'inspection. Ce certificat doit être produit également lorsqu'il s'agit d'un changement de légion, avec passage de l'arme à cheval dans l'arme à pied. (Instr. sur les inspections générales de gendarmerie.)

Art. 27. Il est interdit aux chefs de légion de placer ou d'entretenir des forces supplétives, à moins que le Ministre n'en ait ordonné l'établissement.

L'envoi momentané dans une brigade, dont le personnel est accidentellement incomplet, ne constitue pas la force supplétive, et il appartient aux chefs de légion d'autoriser les commandants de compagnie à détacher, sur les postes affaiblis, des hommes appartenant aux résidences dont le service est moins chargé. Il en est de même du remplacement, après trois mois, des militaires qui occupent un poste provisoire.

Dans le but d'éviter à l'Etat des dépenses d'indemnité de service extraordinaire et de frais de route, les postes provisoires sont composés en permanence des mêmes hommes pris à la brigade dans la circonscription de laquelle ils se trouvent. (Décis. présid. du 10 février 1894.)

Art. 28 à 30. (1).

SECTION IV.

DES DÉMISSIONS ET RENVOIS.

Art. 31. Les démissions sont réglementées par l'instruction sur le service courant.

Dans aucun cas, il ne peut être donné suite à une demande de démission formée par un militaire qui se trouve débiteur envers la caisse du corps auquel il appartient.

En temps de guerre, les démissions ne sont jamais acceptées.

Les militaires ayant plus de quinze ans de services et étant dans les conditions voulues pour avoir droit à la retraite proportionnelle peuvent donner préalablement leur démission. Mais, dans ce cas, ils perdent leurs anciens grades. (Circ. du 31 mars 1880 et avis du Conseil d'Etat des 29 mai et 1er juin 1880.)

La propriété de la première mise n'est complètement acquise aux hommes qu'après quatre ans révolus dans la gendarmerie, sauf les cas de retraite

---

(1) Les articles 28 à 30 inclus (supprimés), qui concernaient les permissions et congés, font l'objet d'un chapitre spécial du règlement sur le service intérieur.

et de réforme pour infirmités ou blessures dans le service. (Tableau 4, n° 1, du décret du 30 décembre 1892.)

Aux termes d'une décision présidentielle du 24 novembre 1882, les anciens militaires admis dans la gendarmerie, qui, après avoir rejoint, demanden l'annulation de leur nomination, n'ont pas droit à l'indemnité de route. De plus, leur demande doit être accompagnée d'un récépissé constatant le versement au Trésor des frais de route qui ont pu leur être alloués pour l'aller.

Une décision présidentielle du 7 mars 1883 n'attribue aucune solde aux renonciataires et les oblige à rembourser au Trésor les sommes qu'ils auraient perçues à ce titre depuis l'époque de leur nomination.

Ces dispositions devront être portées à la connaissance des nouveaux admis avant qu'ils n'aient rejoint leur poste. (Circ. minist. du 6 avril 1883.)

Les sous-officiers rengagés admis dans la gendarmerie avant la fin de leur rengagement peuvent démissionner s'ils ne sont redevables d'aucune somme envers les caisses de la gendarmerie. (Instr. sur les inspections générales.)

Quant aux anciens brigadiers, caporaux et soldats rengagés dans les conditions des articles 63 et 64 de la loi du 15 juillet 1889 et du décret du 5 octobre suivant, ils ne peuvent offrir leur démission avant l'accomplissement de la durée de leur rengagement. Avant ce délai, ils sont réintégrés à leur corps d'origine. (Instr. sur les inspections générales.)

Art. 32. Les militaires de la gendarmerie qui donnent leur démission, dans les cas prévus par l'article précédent, doivent la formuler, par écrit, en ces termes :

« Je, soussigné,... à la résidence de..., compagnie de..., offre ma démission du grade et de l'emploi dont je suis pourvu dans l'armée et dans la gendarmerie. Je déclare, en conséquence, renoncer volontairement à tous les droits acquis par mes services, et demande à me retirer à..., département de...

La formule de démission ne doit jamais être imprimée et il ne doit y être fait aucune modification. Aucune démission ne doit être transmise sans explication sur les motifs qui l'ont dictée et sans la preuve des démarches tentées pour faire réfléchir l'intéressé sur les conséquences de sa détermination.

L'homme qui offre sa démission sans raison bien plausible ne doit pas ignorer, s'il a plus de 40 ans ou s'il mérite seulement un certificat de bonne conduite n° 2, que sa rentrée dans l'arme serait désormais impossible.

Le certificat d'acceptation de démission présentant un caractère distinctif et honorifique, il importe essentiellement que les chefs n'attendent point, pour proposer l'élimination d'un militaire de la gendarmerie, que celui-ci se voie lui-même dans l'obligation de donner sa démission.

Les hommes admis dans la gendarmerie après leur libération du service actif, et qui sont autorisés à quitter l'arme avant d'y avoir accompli une année de service, sont rayés purement et simplement des contrôles; le certificat de bonne conduite qu'ils ont obtenu dans leur régiment leur est restitué; à défaut, ils en reçoivent un du modèle général, et, de plus, il leur est délivré, par le conseil d'administration du corps ou de la compagnie, un certificat constatant la durée de leur présence dans l'arme.

Les commissions des gendarmes démissionnaires et qui ne sont pas dégagés de toute obligation militaire reçoivent, selon le cas, la destination indiquée par l'instruction du 28 décembre 1895.

Art. 33. Il n'est délivré de titre d'acceptation de démission qu'aux hommes qui ont satisfait à toutes les obligations imposées par la loi sur le recrutement.

Les autres sont placés dans la réserve ou la disponibilité de l'armée active, dans l'armée territoriale ou dans sa réserve, suivant la situation dans laquelle ils se trouvent au point de vue militaire.

Art. 34 et 35. (1).

Art. 36. En tout état de cause, les militaires de l'arme qui désirent quitter le service doivent absolument attendre, pour se retirer dans leurs foyers, qu'il ait été statué sur leur demande et qu'il leur ait été remis un titre régulier. En agissant autrement, ils s'exposent à être déclarés déserteurs et poursuivis comme tels, par application des articles 231 et suivants du Code de justice militaire.

Art. 37. Sont proposés pour la réforme les militaires qui, en dehors du cas d'inconduite, ne conviennent pas au service de la gendarmerie.

Dans ce cas, un conseil composé comme l'est celui de discipline doit donner son avis. Lorsqu'il s'agit d'inaptitude physique, l'avis de la commission spéciale de réforme remplace l'avis du conseil de discipline.

Le Ministre seul peut prononcer la réforme; la commission spéciale de réforme n'est appelée qu'à donner son avis.

Les commissions des gendarmes réformés et qui ne sont pas dégagés de toute obligation militaire, reçoivent la destination indiquée par l'instruction du 28 décembre 1895.

Les auxiliaires indigènes de la 19e légion et du détachement de Tunisie doivent être proposés pour la révocation, par application de l'article 68 de la loi du 15 juillet 1889, et non pour la réforme.

S'ils sont révoqués étant encore liés au service, ils sont renvoyés dans leur ancien corps (ils ne peuvent être dirigés sur les compagnies de discipline).

L'avis d'un conseil de discipline est indispensable pour les militaires proposés d'office pour la retraite proportionnelle. Cette formalité est remplacée par l'avis de la commission de réforme pour les hommes que leur état de santé ne permet pas de maintenir dans la gendarmerie sans qu'il soit possible de les proposer pour la retraite à titre d'infirmités.

Les propositions de retraite et de réforme sont du service courant.

Art. 38. Les militaires qui, étant encore liés au service, ne réunissent pas toutes les conditions d'aptitude pour le service de la gendarmerie, peuvent être réintégrés dans les armes d'où ils proviennent. Les demandes de réintégration dans un corps de troupe,

---

(1) Les articles 34 et 35 (supprimés), qui étaient relatifs aux certificats de bonne conduite, font le sujet d'un chapitre spécial du règlement sur le service intérieur.

faites pour convenance personnelle, ne sont admissibles qu'autant que les militaires qui les ont formées peuvent s'acquitter envers les caisses de la gendarmerie, et produisent le consentement écrit du chef du corps dans lequel ils désirent passer.

Ils peuvent également êt… soumis à l'examen de la commission spéciale de réforme, qui propose au Ministre, s'il y a lieu, pour un changement d'arme, ceux qui lui paraîtraient impropres au service de l'arme à laquelle ils appartiennent, sans se trouver, toutefois, dans le cas d'être réformés.

Les propositions de réintégration, faites autrement que sur la demande des intéressés, doivent être accompagnées, suivant le cas, de l'avis d'un conseil de discipline ou d'une commission de réforme.

Le conseil fait connaître si le militaire doit être envoyé dans une compagnie de fusiliers de discipline, ou simplement dans un corps de troupe.

Il ne perd pas de vue qu'on ne doit recourir qu'à la dernière extrémité à l'envoi dans une compagnie de fusiliers.

Les officiers qui ne conviennent pas au service spécial de la gendarmerie peuvent être proposés pour être réintégrés dans leur arme d'origine, par permutation d'office avec des officiers des corps de troupe classés pour la gendarmerie.

Voir, pour les conditions de permutation, la décision du 11 janvier 1854.

Les militaires qui, étant encore liés au service, sont réintégrés dans les corps de troupe par mesure de discipline, sont maintenus sous les drapeaux jusqu'à l'expiration soit de leur troisième année de service, soit de leur engagement ou de leur rengagement.

Le passage dans la gendarmerie des sous-officiers rengagés fait cesser les effets de leur rengagement en leur enlevant le droit ultérieur à la prime. Par suite, s'ils se mettent dans le cas d'être renvoyés de l'arme, ils ne peuvent être réintégrés à leur ancien corps : ils doivent être réformés.

Art. 39. Les hommes atteints d'infirmités contractées au service, et les mettant hors d'état d'y rester, mais n'ayant pas le degré de gravité voulu pour leur ouvrir immédiatement le droit à la pension prévu par le titre II de la loi du 11 avril 1831, sont proposés d'office, et suivant leur choix, soit pour la pension proportionnelle, s'ils ont le temps de service exigé par la loi, soit pour la gratification temporaire de réforme payée pendant un nombre d'années égal à la moitié de la durée du service.

Le taux de la gratification temporaire spéciale aux militaires réformés de la gendarmerie a été revisé par la décision ministérielle du 7 juin 1883.

Il n'est pas établi de proposition pour la réforme avec gratification renouvelable, ou une fois payée, en faveur d'hommes présents au service. (Instr. sur les inspections générales.)

Voir le mot « Gratification » au Dictionnaire Amade-Corsin.

Art. 40. Pour faciliter l'application des dispositions qui précèdent, tout accident grave et de nature à altérer la santé ou à compromettre l'activité d'un officier, sous-officier, brigadier ou gendarme, survenu dans un service commandé, doit être constaté immédiatement par un procès-verbal régulier, appuyé de certificats d'officiers de santé, indiquant la nature et l'origine de l'accident.

Une expédition est adressée au Ministre de la guerre.

Une expédition reste dans les archives du corps ou de la compagnie, pour servir en cas de besoin ;

Une expédition est remise à l'intéressé.

Les procès-verbaux concernant les autres accidents sont conservés dans les archives et suivent les hommes en cas de mutation.

Les blessures reçues dans un service commandé et pouvant ouvrir des droits à la retraite doivent être inscrites sur les matricules, livrets et états de services dans les services de la gendarmerie. (Décret des 16 novembre 1876 et 14 janvier 1889.)

Voir le *Manuel des pensions* (imp. H. Charles-Lavauzelle), sur les conditions générales du droit à la pension pour blessures ou infirmités et sur la classification desdites blessures ou infirmités.

Les procès-verbaux constatant les accidents survenus dans le service sont transmis au Ministre s'il s'agit d'accidents graves de nature à altérer la santé ou à compromettre l'activité des militaires de l'arme.

Voir l'article 48 annoté du règlement du 10 juillet 1897.

Art. 41 (1).

Art. 42. Les sous-officiers, brigadiers et gendarmes qui, ayant accompli les quinze ou les vingt-cinq ans de services exigés par la loi, sont en instance pour la retraite, peuvent, sur leur demande, être autorisés par le Ministre de la guerre à se retirer dans leurs foyers, pour y attendre la fixation de leur pension.

Cette autorisation ne peut être accordée aux hommes en instance de retraite pour infirmités. (Instr. sur les inspections générales de gendarmerie).

Les hommes atteints d'infirmités étrangères au service, sont proposés d'office pour la retraite proportionnelle, s'ils y ont droit. Dans ce cas, les mémoires sont accompagnés de l'avis d'une commission de réforme établissant nettement l'origine étrangère des infirmités.

Chaque fois qu'un doute peut s'élever sur le droit d'un militaire, le Ministre est consulté.

Les officiers font aux militaires sous leurs ordres qui demandent leur retraite proportionnelle toutes les remontrances qui seraient de nature à les faire rester au service et en font mention dans leurs apostilles, mais seulement quand il s'agit de bons sujets. Si, au contraire, il s'agit d'hommes qu'il n'y a pas intérêt à retenir, les officiers l'indiquent dans leurs apostilles.

---

(1) L'article 41 était relatif aux gendarmes vétérans supprimés par décret du 25 janvier 1872.

Aux termes de l'article 35 de la loi des 13 mars et 15 décembre 1875, les militaires qui sont admis dans la gendarmerie après avoir quitté les drapeaux ne peuvent réclamer la pension proportionnelle qu'après avoir servi cinq ans en cette nouvelle qualité. (Arrêt du Conseil d'Etat du 15 juillet 1887.) De plus, ils perdent le bénéfice du grade dont ils étaient antérieurement titulaires. (Ordonnance du 20 janvier 1841.) Toutefois, la retraite à titre d'ancienneté peut toujours être demandée à vingt-cinq ans de service effectif, quand même le militaire réadmis n'aurait pas cinq ans de présence dans sa nouvelle position, et celui qui a obtenu une pension proportionnelle comme commissionné peut en demander la revision sans condition de durée de service. (Instr. du 7 juillet 1889.)

Les sous-officiers, brigadiers et gendarmes peuvent concourir pour les emplois civils et militaires réservés aux sous-officiers par la loi du 18 mars 1889.

Ils doivent avoir dix ans de service, dont quatre comme sous-officier rengagé. (Loi du 18 mars 1889.)

Voir le décret du 4 juillet 1890, au sujet des épreuves à subir par les candidats et des pièces à fournir par les chefs de corps.

(On consultera avec fruit la brochure intitulée : *Instruction sur les emplois civils et militaires réservés aux sous-officiers*, prix : 1 franc. — Henri Charles-Lavauzelle, éditeur.)

CHAPITRE II.

DE L'AVANCEMENT.

SECTION PREMIÈRE.

AVANCEMENT DES SOUS-OFFICIERS, BRIGADIERS ET GENDARMES.

Art. 43. L'avancement aux grades de brigadier et de sous-officier roule par légion et par corps.

Art. 44. Les emplois de brigadier sont donnés à des gendarmes ayant au moins six mois de service dans la gendarmerie et portés au tableau d'avancement, ainsi qu'aux sergents-majors et maréchaux des logis chefs des divers corps de troupe proposés par les inspecteurs généraux, classés par la commission d'arme et ayant au moins un an d'exercice dans leur emploi (1).

---

(1) **Examens à subir par les sous-officiers de l'armée qui demandent à passer dans la gendarmerie comme chefs de brigade.**

EXAMEN ORAL.

Décret d'organisation.

Coefficient 10.

Titre préliminaire. — Section I : Spécialité du service de l'arme. — Section II : Du serment imposé aux militaires de la gendarmerie.

Art. 45. La totalité des emplois de maréchal des logis à pied et à cheval est donnée à des brigadiers de la même arme, ayant au moins six mois de service dans leur grade et portés au tableau

---

Titre Ier. — Chapitre Ier. — Section I : Organisation de la gendarmerie. — Section IV : Des démissions et renvois.

Chapitre II. — Section I : Avancement des sous-officiers, brigadiers et gendarmes. — Section V : Récompenses civiles et militaires.

Titre II. — Chapitre II. — Section I : Dispositions préliminaires.

Titre IV. Dispositions préliminaires. — Chapitre Ier : Service ordinaire des brigades.

Chapitre II : Des rencontres et des transfèrements de prisonniers.

Chapitre III : Service extraordinaire des brigades.

Règlements sur l'administration et la solde.

Coefficient 3.

De l'indemnité de service extraordinaire.
Des indemnités pour perte de chevaux et d'effets.
De l'indemnité de literie.
De la masse individuelle.
De la masse d'entretien et de remonte.
De la masse de secours.
Du logement.
Paiement de la solde.
Du livret des sous-officiers, brigadiers et gendarmes.

Règlement sur le service intérieur.

Cœfficient 10.

Titre I. — Chapitre VIII : Fonctions des chefs de brigade.
Titre II. — Chapitre X : Marques extérieures de respect.
Chapitre XIII : Plantons et gardes de police.
Chapitre XIV : Instruction.
Chapitre XV : Tenue.
Chapitre XVII : Congés et permissions.
Chapitre XVIII : Punitions (art. 258, 259, 260, 269 à 278).
Chapitre XXI : Réforme.
Chapitre XXII : Certificats de bonne conduite.
Chapitre XXIII : Demandes. Réclamations.

Histoire.

Cœfficient 5 avec la géographie.

Eléments sommaires d'histoire de France, depuis le règne de Louis XIV jusqu'à nos jours.

Géographie.

Divisions de l'Europe. Bornes, fleuves et montagnes de la France. Divisions de la France par départements, et indication des chefs-lieux. Principales possessions coloniales de la France.

(*Pour les sous-officiers présentés pour l'arme à cheval.*)

	Coefficient
Règlements sur les exercices de la gendarmerie départementale. — Ecole du cavalier et du peloton (à pied et à cheval)............	8
Hippologie et hygiène hippique. — Connaissances pratiques.....	8

d'avancement, ainsi qu'aux adjudants des divers corps de troupe (1) proposés par les inspecteurs généraux et classés par la commission d'arme.

Les adjudants de l'armée en activité de service peuvent être admis dans la gendarmerie avec le grade de maréchal des logis, et les sergents-majors ou maréchaux des logis chefs peuvent l'être comme brigadiers.

L'âge est fixé : pour les adjudants, de 25 à 35 ans

Pour les maréchaux des logis chefs et sergents-majors, de 25 à 32 ans.

Les uns et les autres doivent avoir au moins un an de grade et compter trois ans de service effectif au 31 décembre de l'année dans laquelle ils concourent.

Art. 46. L'avancement à l'emploi de maréchal des logis chef est donné aux maréchaux des logis à pied ou à cheval ayant au moins six mois de grade de sous-officier dans l'arme et portés au tableau d'avancement comme réunissant les conditions d'aptitude nécessaires.

(Décret du 26 mars 1887.)

Art. 47. Les adjudants sont choisis exclusivement parmi les maréchaux des logis chefs, excepté dans la garde républicaine où les maréchaux des logis sont admis à concourir pour ce grade.

Art. 48. Les maréchaux des logis adjoints aux trésoriers sont choisis indistinctement soit parmi les sous-officiers à pied ou à cheval, soit parmi les brigadiers des deux armes ayant au moins un an d'exercice dans ce grade et portés au tableau d'avancement

---

(*Pour les sous-officiers présentés pour l'arme à pied.*)

Règlement sur les exercices de la gendarmerie départementale. Ecole du cavalier et du peloton (à pied). Coefficient 8.

EXAMEN ÉCRIT.

	Coefficient.
Rapport fictif..	10
Procès-verbal fictif...................................	10
Problèmes d'arithmétique sur les quatre premières règles........	6

Le nombre de points que les candidats doivent obtenir pour être ultérieurement discutés par la commission de classement est fixé à la moitié du maximum.

Les candidats classés par la commission de classement de la gendarmerie sont dispensés de subir un second examen.

(1) Les adjudants des corps de troupe qui demandent à concourir pour le grade de maréchal des logis, et les maréchaux des logis chefs et sergents-majors qui demandent à concourir pour le grade de brigadier doivent, au 31 décembre de l'année courante, avoir au moins vingt-cinq ans, un an de grade et compter trois ans de service effectif. La limite d'âge, au 31 décembre de l'année courante, est de trente-cinq ans pour les adjudants et de trente-deux ans pour les maréchaux des logis chefs et sergents-majors.

comme réunissant les conditions d'aptitude reconnues nécessaires pour ces fonctions spéciales.

SECTION II.

TABLEAUX D'AVANCEMENT DES SOUS-OFFICIERS, BRIGADIERS ET GENDARMES.

Art. 49. Les tableaux d'avancement aux grades de brigadier et de sous-officier et les listes d'aptitude aux fonctions spéciales dans la gendarmerie sont établis de nouveau chaque année, à l'époque des revues d'inspection générale.

Art. 50. Ces tableaux d'avancement et ces listes sont formés par légion et par corps, et contiennent des notes détaillées sur chacun des candidats, qui sont classés par ordre de mérite. Ils sont dressés par les chefs de légion et de corps sur la présentation des commandants de compagnie, et sont soumis par eux à l'inspecteur général, qui les arrête définitivement et les transmet au Ministre avec ses observations, par l'intermédiaire du général commandant le corps d'armée.

Art. 51. Le nombre des candidats à présenter par les inspecteurs généraux pour les différents grades de sous-officier et pour celui de brigadier, dans chaque arme, est calculé de manière à assurer les besoins du service par légion ou corps, et déterminé chaque année par les instructions sur les inspections générales.

Art. 52. En cas de services extraordinaires, le Ministre de la guerre inscrit d'office sur le tableau d'avancement aux grades de sous-officier et brigadier les militaires qui ont mérité cette récompense.

Art. 53. Toutes les dispositions des articles 43 et suivants sont applicables, sous réserve de la restriction spécifiée à l'article 47, à la formation des tableaux d'avancement aux grades de sous-officier dans la garde républicaine.

SECTION III.

AVANCEMENT AUX DIFFÉRENTS GRADES ET EMPLOIS D'OFFICIER.

Art. 54. L'avancement à tous les grades et emplois d'officier, pour la portion dévolue à la gendarmerie, roule sur toute l'arme.

Voir la décision présidentielle du 30 septembre 1878 et la circulaire ministérielle du 27 novembre 1880.

Art. 55. Les fonctions des lieutenants et des sous-lieutenants étant les mêmes dans la gendarmerie, la moitié des lieutenances vacantes est donnée à l'avancement des sous-officiers de l'arme à pied ou à cheval, qui sont d'abord pourvus du grade de sous-lieutenant et sont promus à celui de lieutenant après deux ans d'exercice dans leurs fonctions.

Il n'est pas fixé de limite d'âge pour l'inscription des sous-officiers au tableau d'avancement.

Les candidats doivent compter au moins deux ans révolus de grade de sous-officier au 31 décembre de l'année de concours (1).

L'autre moitié des lieutenances est donnée à des lieutenants des corps de troupe, âgés de plus de vingt-cinq ans et de moins de trente-six ans, sans condition d'ancienneté de grade.

Les lieutenants des troupes à pied ne peuvent être admis dans la gendarmerie départementale qu'après avoir fait preuve, devant l'inspecteur général de gendarmerie, de connaissances sérieuses en équitation, en hippiatrique et en hippologie, et qu'à la condition de faire un stage de six mois (2) dans un régiment de cava-

---

(1) **Examens à subir par les sous-officiers de gendarmerie présentés pour le grade de sous-lieutenant.**

1° PARTIE ACTIVE.

EXAMEN ORAL.

	Coefficient.
Décret d'organisation	10
Règlements sur l'administration et la solde	6
Règlement sur le service intérieur	10
Loi du 19 mai 1834	2
Histoire et géographie	7
Ecole du cavalier, du peloton et de l'escadron (à pied et à cheval)	8
Connaissances pratiques d'hippologie et d'hygiène hippique	8
Pratique d'équitation	8

EXAMEN ÉCRIT.

Rapport fictif	10
Procès-verbal fictif	10

2° POUR TRÉSORIER.

Mêmes coefficients, sauf les différences ci-après :

Règlements sur l'administration et la solde	12
Décompte fictif (remplaçant le procès-verbal fictif)	12

(2) Ce stage a lieu, autant que possible, avant l'admission dans la gendarmerie ; ce n'est que lorsque les circonstances n'ont pas permis de faire exécuter ou achever ce stage avant l'admission qu'il a lieu ou se termine après.

Le stage s'accomplit dans un des régiments de la brigade de cavalerie du corps d'armée sur le territoire duquel l'officier est en résidence. Il commence à une date spécialement fixée par le Ministre pour chaque officier et calculée de telle façon qu'il se termine vers l'époque présumée de l'admission dans la gendarmerie, afin que l'officier puisse rejoindre directement le poste qui lui aura été assigné dans cette arme, sans avoir à rentrer à son corps d'origine.

Les officiers stagiaires concourent au service journalier et sont employés, de préférence, dans les escadrons, en remplacement des officiers absents ou détachés. Un cheval et un harnachement, s'il y a lieu, sont mis à leur disposition par le régiment de cavalerie auquel ils sont affectés. Ils conservent la tenue de leur arme. Ceux d'entre eux qui occupaient un emploi non monté complètent leur tenue par l'acquisition des effets nécessaires aux lerie. Cette condition n'est pas imposée à ceux qui sont exclusivement proposés pour l'infanterie de la garde républicaine.

La candidature des lieutenants présentés est maintenue, si leur promotion au grade supérieur survient avant l'époque de leur admission.

Les officiers qui se trouvent dans ces conditions, sont rayés du tableau de concours des lieutenants et inscrits, à leur rang d'ancienneté, à la suite du tableau des capitaines.

L'obligation du stage est également imposée aux sous-officiers de gendarmerie à pied promus sous-lieutenants, s'ils n'ont jamais servi dans un corps de troupe à cheval, à moins que, provenant de la garde républicaine, ils n'y aient reçu l'instruction équestre nécessaire ou qu'ils ne soient placés dans ce corps.

Le Ministre de la guerre a décidé, le 6 avril 1887, qu'à l'avenir, aucun officier, qu'il provienne de la gendarmerie départementale ou d'un des corps de l'armée, ne pourra être admis dans la garde républicaine (infanterie ou cavalerie), s'il demande à être employé dans une arme qui n'est pas son arme d'origine, sans avoir obtenu un certificat d'aptitude professionnelle délivré par une commission qui fonctionnera dans chaque corps d'armée. (Note minist. du 6 avril 1887.)

Art. 56. La moitié des emplois de lieutenant-trésorier de gendarmerie est donnée aux sous-officiers de l'arme à pied ou à cheval proposés pour l'avancement et signalés comme ayant l'aptitude à ces fonctions spéciales.

L'autre moitié est donnée à des lieutenants et lieutenants-trésoriers des corps de troupe, proposés et classés pour la gendarmerie et possédant également l'aptitude nécessaire.

Art. 57. Les capitaines et les lieutenants peuvent passer de la partie active dans le service sédentaire, et réciproquement, pourvu qu'ils aient deux années d'exercice dans leur emploi actuel, et que leur aptitude ait été constatée par certificat.

Les demandes de ces officiers peuvent être transmises dès qu'ils ont le temps voulu et en dehors des travaux d'inspection. En pareil cas, pour les passages de la partie active dans les fonctions de trésorier, la commission d'examen est présidée par le général commandant la subdivision de région, assisté du conseil d'administration et en présence du sous-intendant militaire.

Art. 58. Les emplois de capitaine de gendarmerie sont donnés : trois quarts aux lieutenants de l'arme et un quart aux capitaines des corps de troupe âgés de plus de vingt-cinq ans et de moins de quarante, sans condition d'ancienneté de grade.

---

officiers montés. Ils peuvent, toutefois, se pourvoir à leurs frais, s'ils le préfèrent, d'un harnachement du modèle de la gendarmerie.

Leur solde est augmentée de l'indemnité de monture prévue au tarif; elle leur est payée par les soins des corps ou services dont ils proviennent respectivement.

Les capitaines-trésoriers des corps de troupe sont admis pour un quart dans les conditions ci-dessus.

Les capitaines des troupes à pied ne peuvent être admis dans la gendarmerie (partie active) qu'aux conditions indiquées pour les lieutenants à l'article 55.

Les trésoriers ne peuvent être relevés de leurs fonctions qu'autant qu'ils les ont occupées pendant deux ans au moins. Ceux promus au choix hors tour ne peuvent rentrer dans la partie active qu'après quatre années d'exercice. (Circulaire du 30 novembre 1882.) Leurs demandes peuvent être transmises à toute époque de l'année.

Ces restrictions ne sont pas applicables aux officiers pourvus d'emplois spéciaux qui présentent un permutant. (Note ministérielle du 1er mai 1889.)

Art. 59. Les capitaines et lieutenants des corps de troupe proposés pour entrer dans la gendarmerie ne peuvent être admis à concourir pour des emplois de leur grade, dans cette arme, qu'après avoir subi un examen (1) d'aptitude devant une commission spéciale instituée au chef-lieu de chaque légion départementale et présidée par l'inspecteur général de gendarmerie.

Les capitaines des corps de troupe de toutes armes qui demandent à entrer dans la gendarmerie sont admis exclusivement dans la gendarmerie départementale.

Ils ne sont placés dans la garde républicaine (infanterie et cavalerie) qu'à défaut de candidats appartenant déjà à la gendarmerie.

Les propositions seront formulées à la revue trimestrielle de janvier.

---

(1) **Examens à subir par les officiers de l'armée qui demandent à passer dans la gendarmerie.**

1° PARTIE ACTIVE.

EXAMEN ORAL.

	Coefficient.
Décret d'organisation	10
Règlements sur l'administration et la solde	6
Règlement sur le service intérieur	10
Loi du 19 mai 1834	2
Ecole du cavalier, du peloton et de l'escadron (à pied et à cheval)	8
Connaissances pratiques d'hippologie et d'hygiène hippique	8
Pratique d'équitation	8

EXAMEN ÉCRIT.

Rapport fictif	10
Procès-verbal fictif	10

2° POUR TRÉSORIER.

Mêmes coefficients, sauf différences ci-après :

Règlements sur l'administration et la solde	12
Décompte fictif (remplaçant le procès-verbal fictif)	12

Les conditions que doivent réunir les candidats et la nomenclature des pièces à fournir sont rappelées dans les instructions annuelles.

Les officiers admis et inscrits sur la liste de classement établie par les commissions de gendarmerie ne sont pas assujettis à subir annuellement de nouvelles épreuves. (Note minist. du 20 décembre 1879.)

Art. 60. Les emplois de capitaine-trésorier revenant à l'arme sont réservés, en principe, aux capitaines de la partie active, reconnus aptes à ces fonctions spéciales.

A défaut de candidats de cette catégorie, ces emplois sont attribués aux lieutenants-trésoriers promus capitaines au tour de l'ancienneté ou au tour du choix, et enfin aux lieutenants de la partie active inscrits au tableau d'avancement et proposés spécialement pour l'emploi.

Art. 61. Les emplois de chef d'escadron et de lieutenant-colonel de gendarmerie sont donnés en totalité à l'avancement des officiers de l'arme.

Art. 62. Tous les emplois de colonel de gendarmerie sont donnés par avancement aux lieutenants-colonels de l'arme.

Art. 63. Les lieutenants et capitaines des divers corps de troupe qui passent dans la gendarmerie, comptent leur ancienneté de grade dans cette arme, pour le commandement et l'avancement, de la date du décret en vertu duquel ils ont été admis.

Toutes les dispositions des lois, ordonnances et décrets sur le classement des officiers de l'armée de terre sont applicables à la gendarmerie.

SECTION IV.

TABLEAUX D'AVANCEMENT DES OFFICIERS DE TOUT GRADE.

Art. 64. Les tableaux d'avancement au choix, pour tous les grades d'officier dans la gendarmerie jusqu'à celui de lieutenant-colonel, sont formés, chaque année, d'après les propositions établies à l'inspection générale.

En cas de services extraordinaires, le Ministre de la guerre inscrit d'office sur le tableau d'avancement les officiers et sous-officiers qui ont mérité cette récompense.

L'avancement des officiers aux colonies est soumis aux conditions d'ancienneté minima déterminées pour chaque grade ; mais il leur est accordé une majoration d'ancienneté égale au quart de la durée de leur présence outre-mer avec leur grade. (Instr. sur les inspections générales.) Pour Madagascar et le Tonkin, la majoration reste fixée à la moitié du séjour en raison des conditions spéciales de ces colonies. (Art. 86 de l'instruction commune à toutes les armes.)

Art. 65. Les propositions d'avancement aux différents grades d'officier de gendarmerie sont établies par les chefs de légion ou de corps, et soumises par eux à l'inspecteur général avec leurs notes.

Art. 66. Les officiers présentés comme candidats doivent avoir atteint, au 31 décembre de l'année courante, dans leurs grades respectifs, et dans la gendarmerie, l'ancienneté voulue pour chaque grade par la loi du 14 avril 1832.

Des instructions sur les inspections générales fixent chaque année l'ancienneté minima exigée pour pouvoir être proposé pour l'avancement.

Art. 67. La garde républicaine, étant spécialement chargée du service de surveillance de la capitale, est placée, pour l'exécution de ce service, sous la direction du préfet de police.

Le Ministre de l'intérieur est consulté pour les nominations aux divers grades et emplois d'officier vacants dans ce corps. Le Ministre de la guerre lui communique les noms des candidats qu'il doit présenter au choix du Président de la République ; mais le rôle du Ministre de l'intérieur se borne à donner son avis.

Une note ministérielle du 12 mars 1868 oblige les officiers de la garde républicaine à quitter le corps lorsqu'ils obtiennent de l'avancement.

Art. 68. Toutes les dispositions générales des ordonnances et décrets sur l'avancement de l'armée auxquelles il n'est point expressément dérogé par les articles précédents sont et demeurent applicables à la gendarmerie.

SECTION V.

RÉCOMPENSES CIVILES ET MILITAIRES.

Art. 69. Lorsqu'un militaire de la gendarmerie se signale par un acte de courage ou de dévouement, le rapport de l'événement est adressé par le commandant de la compagnie au chef de légion ou de corps, qui le transmet au Ministre de la guerre avec les pièces justificatives à l'appui.

Si ce militaire a agi en dehors du service et couru des dangers sérieux, il peut être adressé, en même temps, en sa faveur, une demande de médaille d'honneur ou de sauvetage, établie conformément au modèle annexé à la circulaire ministérielle du 11 juin 1844.

Il est fait mention sur les matricules, et par suite sur les états de services, des médailles d'honneur ou de sauvetage accordées à titre de récompenses civiles à des militaires de la gendarmerie pour les traits de courage et de dévouement.

Lorsque des sous-officiers, brigadiers et gendarmes se signalent dans l'accomplissement de leurs devoirs militaires par des faits exceptionnels, ils peuvent être proposés pour la *médaille militaire*.

Lorsqu'ils accomplissent un acte de dévouement comme citoyens, en dehors de leur profession, et qu'il y a eu péril pour la vie, ou s'ils ont couru des dangers, il y a lieu de demander pour eux la *médaille d'honneur*.

Lorsqu'ils ont apporté un zèle signalé dans le service, ils peuvent être proposés pour une *gratification*.

Toute demande de médaille doit être appuyée d'un procès-verbal d'enquête et de certificats délivrés par des autorités ou des personnes présentes sur le lieu de l'événement. (Circ. du 8 mai 1860.)

A moins que l'acte accompli ne paraisse absolument exceptionnel, il sera demandé des diplômes d'honneur. (Circ. min. des 26 février 1883 et 30 janvier 1890.)

Les militaires qui ont accompli un acte susceptible de donner lieu à l'établissement d'une proposition pour la médaille d'honneur sont mis en demeure d'opter entre cette récompense et une gratification. (Circulaire du 6 décembre 1858.)

Des médailles d'honneur peuvent être distribuées par le Ministre de la guerre aux militaires qui se sont particulièrement signalés par leur dévouement à l'occasion des maladies épidémiques concernant l'armée. (Décret du 15 avril et circ. du 27 avril 1892.)

Voir l'article 47 du règlement sur le service intérieur.

Art. 70. Les militaires de la gendarmerie concourent, comme ceux des autres corps de l'armée, et dans les mêmes conditions, pour l'admission ou l'avancement dans la Légion d'honneur. Le nombre des propositions à établir en faveur des officiers, sous-officiers, brigadiers et gendarmes est déterminé, chaque année, par le Ministre.

D'après un avis du conseil de l'ordre de la Légion d'honneur, le temps passé dans les administrations civiles de l'Etat, douanes, forêts, etc., ne confère aucun droit pour l'obtention de la médaille militaire. Toutefois, pour fixer leur choix entre candidats également méritants, les chefs de légion et l'inspecteur peuvent tenir compte des services de cette nature, à titre de renseignements favorables.

Le folio disciplinaire produit à l'appui des états pour la croix et la médaille relate les punitions de toute nature encourues pendant les cinq dernières années.

En ce qui concerne les périodes antérieures, il n'y est fait mention que des punitions pour ivresse et de huit jours de prison au moins pour tout autre motif.

On fait également figurer sur le folio tous les déplacements par mesure disciplinaire, ainsi que les bonnes notes et citations dont le candidat aurait été l'objet depuis son admission dans la gendarmerie, et, en général, tous les changements survenus dans sa position (promotions, rétrogradations, cassations, etc.).

Une mention spéciale, inscrite à l'encre rouge sur les états de proposition, fait connaître les candidats qui seraient à la fois présentés pour l'avancement et pour la médaille militaire.

Art. 71. Les sous-officiers, brigadiers et gendarmes concourent pour la médaille militaire dans les mêmes conditions que les militaires des autres corps de l'armée.

Le nombre des candidats est déterminé, chaque année, par le Ministre.

Il est expressément défendu de demander des croix étrangères. (Circ du 16 juillet 1839.)

Art. 72. Des propositions spéciales de récompenses, de gratifications ou d'indemnités pécuniaires peuvent être faites pour des services importants rendus par des militaires de la gendarmerie, ou pour des pertes qu'ils auraient éprouvées dans l'exercice de leurs fonctions. Ces propositions sont transmises au Ministre de la guerre par les chefs de légion ou de corps, avec un avis motivé.

Voir l'article 157 du règlement sur le service intérieur et l'annexe n° 3, § 3°, du décret du 30 décembre 1892.

TITRE II.

DES DEVOIRS DE LA GENDARMERIE ENVERS LES MINISTRES ET DE SES RAPPORTS AVEC LES AUTORITÉS CONSTITUÉES.

CHAPITRE PREMIER.

DEVOIRS DE LA GENDARMERIE ENVERS LES MINISTRES.

SECTION PREMIÈRE.

ATTRIBUTIONS DU MINISTRE DE LA GUERRE.

Art. 73. Le Ministre de la guerre a dans ses attributions l'organisation, le commandement, l'exécution réglementaire de toutes les parties du service ;

Les admissions dans la gendarmerie, l'avancement, les changements de résidence, les congés, les démissions du service de l'arme, les admissions à la retraite et les récompenses militaires ;

L'ordre intérieur, l'instruction militaire, la police et la discipline des corps et compagnies, la tenue, l'armement, la fixation de l'emplacement des brigades, la solde, l'habillement, l'équipement, la remonte, l'approvisionnement des fourrages, l'emploi des masses, l'administration et la vérification de la comptabilité ;

Les inspections générales, les revues et tournées des officiers, enfin les opérations militaires de toute nature.

Art. 74. Sont également dans les attributions du Ministre de la guerre :

1° La police judiciaire militaire exercée, sous l'autorité du général commandant la circonscription, par les officiers, sous-officiers et commandants de brigade de gendarmerie (art. 84 du Code de justice militaire) ;

2° La surveillance que la gendarmerie est tenue d'exercer sur les militaires absents de leurs corps.

Voir les articles 336 et suivants du présent décret en ce qui concerne les déserteurs et insoumis.

Art. 75. Le Ministre de la guerre devant être à portée de juger de la convenance des locaux affectés au casernement des brigades, tant sous le rapport du service que sous celui du bien-être des hommes et des chevaux, des états descriptifs de ces bâtiments lui sont transmis par les chefs de légion.

Note ministérielle du 24 janvier 1891 et article 292 du règlement sur le service intérieur.

Les réparations à faire au casernement ne doivent être commencées que sur l'ordre des propriétaires ou de l'administration départementale, suivant le cas. (Art. 300 du règlement sur le service intérieur.)

L'installation d'une nouvelle brigade ne doit avoir lieu qu'après l'approbation du bail par le Ministre. (Circ. des 28 mai et 5 juin 1851.)

Cette installation donne lieu à un procès-verbal du modèle prescrit par la circulaire du 19 juillet 1840.

Voir le chapitre XXIV du règlement sur le service intérieur, art. 292 à 303.

Les dégâts causés par un incendie dans une caserne de gendarmerie sont à la charge du département lorsqu'il ne peut être prouvé que la cause est due aux locataires. (Cassation du 14 novembre 1853.)

Art. 76. Il est rendu compte sur-le-champ au Ministre de la guerre de tous les événements qui peuvent être de nature à compromettre la tranquillité publique et des mesures que la gendarmerie peut avoir prises pour l'exécution des ordres directs des Ministres ou des réquisitions de leurs agents.

Les rapports lui en sont faits, savoir : pour les événements qui surviennent dans les arrondissements des chefs-lieux de préfecture, par les commandants de compagnie, et pour ceux qui ont lieu dans l'arrondissement de chaque sous-préfecture, par le commandant de la gendarmerie de cet arrondissement.

Art. 77. Les événements extraordinaires qui doivent donner lieu à des rapports immédiats au Ministre de la guerre, de la part des officiers de gendarmerie de tout grade, sont principalement :

Les vols avec effraction commis par des malfaiteurs, au nombre de plus de deux ;

Les incendies, les inondations et autres sinistres de toute nature et les assassinats;

Les attaques des voitures publiques, des courriers, des convois de deniers de l'Etat ou de munitions de guerre;

L'enlèvement et le pillage des caisses publiques et des magasins militaires;

Les arrestations d'embaucheurs, d'espions employés à lever le plan des places et du territoire, ou à se procurer des renseignements sur la force et les mouvements des troupes; la saisie de leur correspondance et de toutes pièces pouvant donner des indices ou fournir des preuves de crimes et de complots attentatoires à la sûreté intérieure ou extérieure de la République;

Les provocations à la révolte contre le gouvernement;

Les attroupements séditieux ayant pour objet le pillage des convois de grains ou farine;

Les émeutes populaires;

Les découvertes d'ateliers et instruments servant à fabriquer la fausse monnaie; l'arrestation des faux monnayeurs;

Les assassinats tentés ou consommés sur les fonctionnaires publics;

Les attroupements, armés ou non armés, qualifiés séditieux par les lois;

Les distributions d'argent, de vin, de liqueurs enivrantes, et les autres manœuvres tendant à favoriser la désertion ou à empêcher les militaires de rejoindre leurs drapeaux;

Les attaques dirigées et exécutées contre la force armée chargée des escortes et des transfèrements des prévenus ou condamnés;

Les rassemblements, excursions et attaques de malfaiteurs réunis et organisés en bandes, dévastant et pillant les propriétés;

Les découvertes de dépôts d'armes cachées, d'ateliers clandestins de fabrication de poudre, de lettres comminatoires, de signes et mots de ralliement, d'écrits, d'affiches et de placards incendiaires provoquant à la révolte, à la sédition, à l'assassinat et au pillage;

L'envahissement, avec violence, d'un ou de plusieurs postes télégraphiques, et la destruction, par des individus ameutés, des appareils de télégraphie, soit électrique, soit aérienne;

La dégradation d'une partie quelconque de la voie d'un chemin de fer commise en réunion séditieuse, avec rébellion ou pillage;

Et, généralement, tous les événements qui exigent des mesures promptes et décisives, soit pour prévenir le désordre, soit pour le réprimer.

La note ministérielle du 27 novembre 1888 prescrit aux diverses autorités militaires qui jouissent du droit de télégraphier en franchise au Ministre (généraux, chefs de corps ou de service, commandants d'armes, directeurs d'établissements militaires, etc.) de porter immédiatement à sa connaissance, par télégramme, sans préjudice du rapport détaillé à lui faire parvenir par la voie hiérarchique, tous les faits ayant une importance réelle, au point de vue des intérêts généraux de l'armée ou du pays, qui se produisent dans l'étendue de leur commandement.

Indépendamment des faits indiqués dans cette note, le Ministre a intérêt à connaître rapidement certains événements ou incidents d'une importance moindre, tels que : accidents, rixes, etc., auxquels sont mêlés des militaires. Il arrive fréquemment que des faits de cette nature sont signalés par l'autorité militaire tardivement au Ministre, qui en a déjà été informé par d'autres voies. Ce retard provient généralement de ce que l'on attend, pour rendre compte, le résultat d'enquêtes souvent longues.

Le Ministre doit être prévenu télégraphiquement, sans aucun délai, de tous les faits graves dont il a intérêt à avoir connaissance, et qui sont laissés à l'appréciation des différentes autorités militaires qui jouissent de la franchise télégraphique avec lui. (Note minist. du 30 avril 1893.)

Art. 78. Hors ces cas exceptionnels, et à moins d'ordres particuliers, les chefs de légion seuls correspondent avec le Ministre, par l'intermédiaire des commandants de corps d'armée.

En cas d'urgence, les chefs de légion lui rendent compte, le même jour, directement et par voie télégraphique, des événements graves.

Pour la correspondance avec les autorités allemandes, se conformer à la circulaire du 6 avril 1877.

SECTION II.

ATTRIBUTIONS DU MINISTRE DE L'INTÉRIEUR.

Art. 79. Les mesures prescrites pour assurer la tranquillité du pays, pour le maintien de l'ordre et pour l'exécution des lois et règlements d'administration publique, émanent du Ministre de l'intérieur.

Il lui appartient de donner des ordres pour la police générale, pour la sûreté de l'Etat et pour le rassemblement des brigades en cas de service extraordinaire.

Art. 80 (1).

Art. 81. La surveillance exercée par la gendarmerie sur les repris de justice, mendiants, vagabonds, gens sans aveu, condamnés libérés, et de tous autres individus assujettis ou à l'interdiction de séjour, ou à toute autre mesure de sûreté générale, est du ressort du Ministre de l'intérieur.

La loi du 27 mai 1885 a supprimé la peine de la surveillance de la haute police. Cette peine est remplacée par la défense faite au condamné de paraître dans les localités dont l'interdiction lui sera signifiée par le gouver-

---

(1) Les articles 80 et 82 concernaient l'état récapitulatif du service exécuté et les rapports mensuels adressés au Ministre de l'intérieur qui en a supprimé la production.

nement avant sa libération. (Voir la lettre collective n° 51 du Ministre de la guerre, du 30 juin 1885, sur l'application de cette loi.)

Art. 82 (1).

Art. 83. Il est immédiatement donné connaissance au Ministre de l'intérieur, par des rapports spéciaux, comme au Ministre de la guerre, de tous les événements qui se trouvent compris parmi les faits spécifiés par les articles 76 et 77 du présent décret.

Art. 84. En dehors des cas exceptionnels prévus par les articles 76 et 77 précités, les chefs de légion correspondent seuls directement avec le Ministre de l'intérieur pour tous les faits qui leur paraîtraient de nature à intéresser la tranquillité publique.

Il n'est pas fait de rapports politiques. (Circ. du 31 août 1879.)

Des circulaires ministérielles du 8 février 1889 et du 6 mars suivant interdisent toute espèce de manifestations politiques aux militaires, qui ne peuvent non plus faire partie d'associations civiles non approuvées par le Ministre de la guerre. (Voir aussi la circulaire minist. du 27 mai 1895.)

Art. 85. Les moyens de casernement des brigades et les conditions dans lesquelles les bâtiments, affectés à cette destination, doivent être choisis par les autorités départementales, sont placés dans les attributions du Ministre de l'intérieur. Les baux passés à cet effet par les préfets sont soumis à son approbation, toutes les fois qu'il le juge nécessaire.

SECTION III.

ATTRIBUTIONS DU MINISTRE DE LA JUSTICE.

Art. 86. Le service des officiers de gendarmerie, considérés comme officiers de police judiciaire et agissant en vertu du Code d'instruction criminelle, soit en cas de flagrant délit, soit en vertu de commissions rogatoires, est du ressort du Ministre de la justice.

Art. 87. A cet effet, il lui est adressé, du 5 au 10 de chaque mois, par les chefs de légion, un rapport spécial par compagnie des opérations de cette nature exécutées pendant le mois précédent, et, à la fin de chaque année, un tableau sommaire du service judiciaire fait par les officiers de l'arme pendant les douze mois écoulés.

Ces rapports mensuels ne sont point adressés au Ministre de la justice lorsqu'ils sont négatifs ; mais les rapports annuels, même négatifs, lui sont toujours transmis.

(1) Voir le renvoi 1 de la page 42.

SECTION IV.

ATTRIBUTIONS DU MINISTRE DE LA MARINE.

Art. 88. La surveillance exercée par la gendarmerie sur les militaires des troupes de la marine jusqu'à leur embarquement, ainsi que la recherche des déserteurs de l'armée de mer, sont du ressort du Ministre de la marine.

La gendarmerie est chargée de faire visiter et admettre à l'hôpital, s'il y a lieu, tout homme de la marine, malade, voyageant isolément ou en détachement et se trouvant dans un lieu où il n'y a ni commandant ni major de place. (Circ. du 27 mars 1878 et règl. sur le service de santé.)

Art. 89. Les compagnies de gendarmerie coloniale, bien que continuant d'appartenir à l'armée de terre, quant à l'organisation et au personnel, ressortissent au département de la marine pour la direction du service.

Par une circulaire en date du 28 mai 1883, le Ministre de la guerre rappelle :

1° Qu'il n'appartient au département de la guerre de statuer en dernier ressort sur la situation des militaires des compagnies coloniales qu'avec l'assentiment du Ministre de la marine, seul juge des exigences du service;

2° Que toutes les demandes concernant la gendarmerie coloniale doivent être adressées au Ministre de la marine;

3° Qu'il n'est fait d'exception à cette règle que pour les demandes en autorisation de mariage sur lesquelles peuvent statuer directement les conseils d'administration des dépôts coloniaux de Brest et de Toulon, pour les gendarmes présents dans les ports militaires, et les conseils d'administration des compagnies de gendarmerie départementale, pour les militaires en congé dans le ressort desdites compagnies (dispositions rappelées par note ministérielle du 21 octobre 1887);

4° Que les militaires de la gendarmerie départementale qui demandent à servir aux colonies, et tous les autres militaires en général qui sollicitent la même destination, doivent toujours être soumis, avant d'être proposés, à une visite médicale individuelle des plus attentives. Le certificat constatant cette opération devra être joint au dossier.

Art. 90 (1).

SECTION V.

ATTRIBUTIONS DU MINISTRE DES COLONIES.

Art. 90 *bis*. La poursuite des forçats évadés des colonies pénitentiaires, l'escorte des condamnés transférés dans ces établissements

---

(1) L'article 90 était relatif aux rapports des arrestations des déserteurs, dont l'envoi a été supprimé par le Ministre de la marine.

et la police à y exercer tant à l'intérieur qu'à l'extérieur, sont du ressort du Ministre des colonies.

Art. 90 *ter*. Les compagnies de gendarmerie coloniale ressortissent au département des colonies pour l'administration et la comptabilité.

CHAPITRE II.

RAPPORTS DE LA GENDARMERIE AVEC LES AUTORITÉS LOCALES.

SECTION PREMIÈRE

DISPOSITIONS PRÉLIMINAIRES.

Art. 91. L'action des autorités civiles, administratives et judiciaires sur la gendarmerie, en ce qui concerne son emploi, ne peut s'exercer que par des réquisitions.

En spécifiant que l'action des autorités civiles s'exerce sur la gendarmerie par voie de réquisition, le décret du 1er mars 1854 n'a évidemment entendu viser que l'emploi des militaires de cette arme soit pour exécuter un service déterminé ne rentrant pas expressément dans ses attributions (transport de pièces, communications urgentes, etc.), soit pour aller assurer le maintien de l'ordre sur les points où il est menacé, soit, enfin, pour prêter main-forte aux diverses autorités. Mais l'accomplissement de cette formalité ne saurait être exigé pour les simples demandes de renseignements intéressant l'ordre public et relatifs à des faits sur lesquels il est à propos que se porte l'attention de la gendarmerie. (Lettre minist. du 30 janvier 1894. — Voir aussi la lettre collective du 12 janvier 1882, en annotation à la suite de l'article 100 du présent décret.

Voir l'article 112 du règlement sur le service intérieur de la gendarmerie.

Art. 92. Les réquisitions sont toujours adressées au commandant de la gendarmerie du lieu où elles doivent recevoir leur exécution, et, en cas de refus, à l'officier sous les ordres duquel est immédiatement placé celui qui n'a pas obtempéré à ces réquisitions.

Elles ne peuvent être données ni exécutées que dans l'arrondissement de celui qui les donne et de celui qui les exécute.

Dans les cas urgents, les autorités administratives et judiciaires peuvent employer exceptionnellement le télégraphe pour requérir la gendarmerie; toutefois, il sera mentionné dans la dépêche télégraphique qu'elle va être immédiatement suivie de l'envoi d'une réquisition écrite, libellée conformément aux termes de l'article 96 du présent décret. (Circ. minist. du 30 octobre 1880.)

Une circulaire du ministre de la justice en date du 15 mai 1894 recommande aux substituts d'adresser leurs réquisitions, sauf le cas d'extrême urgence, par l'intermédiaire de l'officier de gendarmerie commandant l'arrondissement, et d'établir leurs réquisitions sur une feuille distincte pour chaque affaire traitée.

Art. 93. La main-forte est accordée toutes les fois qu'elle est requise par ceux à qui la loi donne le droit de requérir.

Art. 94. Les cas où la gendarmerie peut être requise sont tous ceux prévus par les lois et les règlements, ou spécifiés par les ordres particuliers du service.

Les autorités préfectorales ont le droit de requérir la gendarmerie pour aller recueillir le résultat des votes, au moment des élections. (Circ. du 1er mars 1863.)

Voir aussi la circulaire du Ministre de l'intérieur du 19 mai 1881.

Art. 95. Les réquisitions doivent énoncer la loi qui les autorise, le motif, l'ordre, le jugement ou l'acte administratif en vertu duquel elles sont faites.

Art. 96. Les réquisitions sont faites par écrit, signées, datées, et dans la forme ci-après :

« RÉPUBLIQUE FRANÇAISE.

» AU NOM DU PEUPLE FRANÇAIS,

» Conformément à la loi... en vertu de... (*loi, arrêté, règlement*), nous requérons le... (*grade et lieu de résidence*) de commander, faire... se transporter... arrêter, etc..., et qu'il nous fasse part (*si c'est un officier*) et qu'il nous rende compte (*si c'est un sous-officier*) de l'exécution de ce qui est par nous requis au nom du peuple français. »

Décision présidentielle du 10 juin 1880. Voir aussi l'instruction du Ministre de l'intérieur en date du 24 décembre 1880.

Art. 97. Les réquisitions ne doivent contenir aucun terme impératif, tel que : *ordonnons, voulons, enjoignons, mandons*, etc., ni aucune expression ou formule pouvant porter atteinte à la considération de l'arme et au rang qu'elle occupe parmi les corps de l'armée.

Il ne faut pas confondre réquisitions avec mandements de justice, extraits de jugement, ordonnances, etc., qui portent la formule générale : *mandons et ordonnons à tous huissiers et agents de la force publique*, etc., etc. C'est une formule consacrée par le Code d'instruction criminelle et qui doit toujours être considérée comme impersonnelle. (NOTE DE LA RÉDACTION.)

Art. 98. Lorsque la gendarmerie est légalement requise pour assister l'autorité dans l'exécution d'un acte ou d'une mesure quelconque, elle ne doit être employée que pour assurer l'effet de la réquisition et pour faire cesser, au besoin, les obstacles et empêchements.

Voir le manuel intitulé : *Du droit des fonctionnaires civils de requérir la troupe et la gendarmerie.* (Impr. Charles-Lavauzelle.)

Voir les articles 64 et 167 du décret du 4 octobre 1891, sur le service des places.

Art. 99. La gendarmerie ne peut être distraite de son service ni détournée des fonctions qui font l'objet principal de son institution pour porter les dépêches des autorités civiles ou militaires, l'administration des postes devant expédier des estafettes extraordinaires, à la réquisition des agents du gouvernement, quand le service ordinaire de la poste ne fournit pas des moyens de communication assez rapides.

Ce n'est donc que dans le cas d'extrême urgence, et quand l'emploi des moyens ordinaires amènerait des retards préjudiciables aux affaires, que les autorités peuvent recourir à la gendarmerie pour la communication d'ordres et d'instructions qu'elles ont à donner.

Hors de ces circonstances exceptionnelles et très rares, il ne leur est point permis d'adresser des réquisitions abusives qui fatiguent inutilement les hommes et les chevaux.

La gendarmerie obtempère aux réquisitions qui lui sont faites par écrit et lorsque l'urgence est indiquée; mais elle rend compte immédiatement de ce déplacement aux Ministres de la guerre et de l'intérieur. Copie de ces réquisitions est adressée au chef de légion.

Les militaires de la gendarmerie ne peuvent recevoir des généraux, des conseils d'administration et des officiers de réserve ou de l'armée territoriale, des plis cachetés, des médailles, des mandats et autres pièces entraînant une responsabilité pécuniaire, avec invitation de les faire porter à des militaires de tous grades, en non-activité, de la réserve ou de l'armée territoriale, aux administrateurs de chemin de fer ou à des fournisseurs (Circ. minist. du 15 octobre 1880.)

Les gendarmes ne doivent pas être employés à porter les dépêches des autorités civiles ou militaires, hors les cas d'urgence extrême prévus par l'article 99 du présent décret.

L'inspecteur général doit s'informer si, par suite des exigences de quelques fonctionnaires ou de concessions abusives de la part des officiers, sous-officiers et brigadiers, la gendarmerie n'est pas distraite de ses attributions ou appelée à remplir des fonctions auxquelles elle doit rester étrangère, notamment en mettant des plantons, à titre permanent, à la disposition des parquets ou des juges d'instruction. (Instr. sur les inspections générales de la gendarmerie.)

Voir l'article 107 du présent décret et les annotations de l'article 109 (significations et notifications en matière d'expropriation).

Art. 100. La gendarmerie doit communiquer sans délai aux autorités civiles les renseignements qu'elle reçoit et qui intéressent l'ordre public. Les autorités civiles lui font les communications et réquisitions qu'elles reconnaissent utiles au bien du service.

Ces communications, verbales ou par écrit, sont toujours faites au commandant de la gendarmerie du lieu ou de l'arrondissement. Les autorités ne peuvent s'adresser à l'officier supérieur en grade que dans le cas où elles auraient à se plaindre de retard ou de négligence.

Les communications écrites entre les magistrats, les administrateurs et la gendarmerie doivent toujours être signées et datées.

Dans les cas *urgents bien constatés*, l'autorité judiciaire peut s'adresser directement au chef de brigade, à la charge par celui-ci de faire parvenir immédiatement au commandant de l'arrondissement les mandats qui lui ont été adressés et les renseignements qui lui ont été demandés, en y ajoutant copie des réponses faites. (Circ. du 26 novembre 1855.)

La discipline militaire ne permettant pas que des soldats puissent s'absenter sans la permission de leurs chefs, les magistrats qui appellent des gendarmes en témoignage doivent prévenir, 24 heures au moins avant la comparution, l'officier qui commande l'arme au chef-lieu de l'arrondissement dans lequel le témoin est employé, ou celui sous les ordres duquel il se trouve. Les citations sont d'ailleurs notifiées dans la forme ordinaire, ou par simple voie d'avertissement; il suffit même d'en prévenir les chefs, certain que ceux-ci ne manqueront pas de donner des ordres qui seront exécutés. (Inst. du Ministre de la justice du 13 septembre 1820.)

Une lettre collective du 12 janvier 1882, rappelant les circulaires des 3 août 1866 et 19 novembre 1869, recommande aux officiers supérieurs de gendarmerie de tenir exactement compte des indications ou des demandes que les préfets croiraient devoir leur adresser, à condition toutefois que ces indications ou ces demandes ne seront jamais contraires aux prescriptions de la circulaire ministérielle du 31 août 1879. Cette dernière circulaire rappelle que les militaires de tous grades de la gendarmerie ne doivent s'immiscer en aucune façon dans des questions qui touchent à la politique.

Toute espèce de manifestation politique est interdite aux militaires de la gendarmerie, qui ne peuvent non plus faire partie d'associations civiles non approuvées par le Ministre de la guerre. (Circ. minist. des 6 février 1889 et 6 mars suivant.)

Une circulaire ministérielle du 29 janvier 1883 porte que la solution de toute affaire de service soumise à l'appréciation, à l'étude ou à la sanction de l'autorité militaire par un agent de l'administration départementale ou communale sera désormais notifiée aux intéressés exclusivement par l'intermédiaire du préfet du département où ils résident et après entente avec ce fonctionnaire.

Les communications d'affaires entre les autorités civiles et militaires ne doivent pas passer par le Ministre de la guerre. (Circ. des 15 mai 1878, 24 juin 1882 et 29 janvier 1883.)

Les rapports sur les événements extraordinaires ne doivent être adressés qu'aux autorités qu'ils concernent. (Circ. minist. du 31 mars 1889.)

Art. 101. Tout officier ou sous-officier de gendarmerie qui a fait le rapport d'un événement doit rendre compte successivement des opérations qui en sont la suite, ainsi que de leur résultat ; ces comptes rendus doivent toujours rappeler la date du rapport primitif.

Art. 102. Les présidents des hautes cours de justice, les premiers présidents des cours d'appel et les procureurs généraux, les préfets, les présidents des cours d'assises, les procureurs de la République près ces mêmes cours, peuvent appeler auprès d'eux, par écrit, le commandant de la gendarmerie du département, pour conférer sur des objets de service.

Lorsque les hautes cours de justice, les cours d'appel et les cours d'assises ne siègent point au chef-lieu du département, ces magistrats et fonctionnaires ne peuvent appeler auprès d'eux que l'officier commandant la gendarmerie de l'arrondissement.

Cet officier, pour des objets de service, peut être mandé, par écrit, auprès des sous-préfets et des procureurs de la République près les tribunaux de première instance.

Art. 103. Les communications verbales ou par écrit entre les autorités judiciaires ou administratives et la gendarmerie doivent toujours avoir un objet déterminé de service, et n'imposent nullement aux militaires de cette arme l'obligation de se déplacer chaque jour pour s'informer du service qui pourrait être requis. Dans les cas extraordinaires, les officiers de gendarmerie doivent se rendre chez les autorités aussi fréquemment que la gravité des circonstances peut l'exiger, sans attendre des invitations de leur part.

Toutes les fois qu'ils ont à conférer avec les autorités locales, les officiers de gendarmerie doivent être en tenue militaire.

Les procureurs généraux doivent s'abstenir de requérir les commandants de gendarmerie d'assister à l'entérinement des lettres de grâce, et n'agir, dans ce cas, que par simple invitation. Le commandant est tenu, de son côté, de faire ce qu'il peut pour se rendre à cette invitation, et, en cas d'empêchement, il est remplacé par le capitaine. (Circ. du 28 février 1855.)

SECTION II.

RAPPORTS DE LA GENDARMERIE AVEC LES AUTORITÉS JUDICIAIRES CIVILES.

Art. 104. Les chefs d'escadron commandant la gendarmerie des départements informent sur-le-champ, les procureurs généraux près les cours d'appel de tous les événements qui sont de nature à motiver des poursuites judiciaires.

Ces officiers supérieurs, ainsi que les commandants d'arrondissement, informent également sur-le-champ les procureurs de la République, ou, à défaut, leurs substituts, des événements de même nature qui surviennent dans le ressort du tribunal près duquel ils exercent leurs fonctions.

Ils ne sont point tenus à des rapports négatifs.

Ces rapports n'intéressent les autorités judiciaires civiles que lorsque les faits sont de nature à motiver des poursuites. (Circ. du 25 avril 1889.)

Art. 105. Les mandements de justice peuvent être notifiés aux prévenus et mis à exécution par les gendarmes.

Une circulaire ministérielle du 12 août 1859 fait remarquer que les mandats d'amener restent souvent sans effet, tandis que les mandats d'arrêt sont toujours mis à exécution.

Art. 106 (1).

Art. 107. La gendarmerie ne peut être employée à porter des citations aux témoins appelés devant les tribunaux civils que dans le cas d'une nécessité urgente et absolue. Il importe que les militaires de cette arme ne soient point détournés de leurs fonctions pour ce service, lorsqu'il peut être exécuté par les huissiers et autres agents.

Une circulaire du 27 février 1860 rappelle ces prescriptions et recommande de ne pas négliger le service pour constater des délits de chasse.

Les militaires de la gendarmerie coloniale doivent prêter leur concours à l'autorité judiciaire outre-mer.

En effet, le décret du 21 août 1869 prévoit (art. 10) l'emploi, aux colonies, des gendarmes en qualité d'huissier, et leur alloue, à ce titre, une certaine indemnité.

D'autre part, le fait de confier des fonctions judiciaires à des militaires de la gendarmerie est commun à beaucoup de petites colonies. C'est ainsi qu'à la Nouvelle-Calédonie un brigadier occupe, d'une façon permanente, le siège du ministère public à Canala. (Circ. du Ministre de la marine, 28 septembre 1893.)

Art. 108. La notification des citations adressées aux jurés appelés à siéger dans les hautes cours de justice et dans les cours d'assises est une des attributions essentielles de la gendarmerie. Cette notification a lieu sur la réquisition de l'autorité administrative.

Une note ministérielle du 7 février 1887 décide que les adjoints du génie, gardes d'artillerie et gendarmes peuvent être chargés de la remise des notifications et significations prévues par la loi du 3 mai 1841, en matière d'expropriation.

Art. 109. Les détachements de gendarmerie requis lors des exécutions des criminels condamnés par les cours d'assises, sont uniquement préposés pour maintenir l'ordre, prévenir ou empêcher les

---

(1) L'article 106 était relatif à l'exécution des jugements des conseils de discipline de la garde nationale supprimée par la loi du 25 août 1871.

émeutes et protéger, dans leurs fonctions, les officiers de justice chargés de mettre à exécution les arrêts de condamnation.

Voir l'article 127 du décret du 4 octobre 1891, pour les exécutions militaires.

Pour l'exécution des jugements rendus par les tribunaux militaires, la gendarmerie ne peut être commandée qu'en vue d'assurer le maintien de l'ordre; elle reste étrangère aux détails de l'exécution. (Art. 122 du décret du 4 octobre 1891.) (Voir l'article 124 du présent décret.)

SECTION III.

RAPPORTS DE LA GENDARMERIE AVEC LES AUTORITÉS ADMINISTRATIVES.

Art. 110. Le chef d'escadron commandant la gendarmerie du département adresse chaque jour au préfet le rapport de tous les événements qui peuvent intéresser l'ordre public; il lui communique également tous les renseignements que lui fournit la correspondance des brigades, lorsque ces renseignements ont pour objet le maintien de l'ordre et qu'ils peuvent donner lieu à des mesures de précaution ou de répression.

De semblables rapports sont adressés aux sous-préfets par les commandants d'arrondissement.

Art. 111. Les officiers commandants d'arrondissement adressent, en outre, tous les cinq jours, aux sous-préfets, un tableau sommaire de tous les délits et de toutes les arrestations dont la connaissance leur est parvenue par les rapports des brigades.

Ce tableau, en ce qui concerne l'arrondissement du chef-lieu de chaque département, est remis au préfet par le commandant de la compagnie.

Art. 112. Les officiers de gendarmerie commandants de compagnie et d'arrondissement ne sont pas tenus à des rapports négatifs, lorsque les correspondances des brigades ne donnent lieu à aucune communication.

Art. 113. Si les rapports de service font craindre quelque émeute populaire ou attroupement séditieux, les préfets, après s'être concertés avec l'officier général commandant le département, s'il est présent, et avec l'officier le plus élevé en grade de la gendarmerie en résidence au chef-lieu du département, peuvent requérir la réunion, sur le point menacé, du nombre de brigades nécessaires au rétablissement de l'ordre.

Il en est rendu compte sur-le-champ au Ministre de l'intérieur par le préfet, et au Ministre de la guerre par l'officier général ou par l'officier de gendarmerie.

Art. 114. Lorsque la tranquillité publique est menacée, les officiers de gendarmerie ne sont point appelés à discuter l'opportunité des mesures que les préfets croient devoir prescrire pour assurer le maintien de l'ordre; mais il est de leur devoir de désigner les points qui ne peuvent être dégarnis sans danger, et de communiquer à ces fonctionnaires tous les renseignements convenables, tant sur la force effective des brigades et leur formation en détachements, que sur les moyens de suppléer au service de ces brigades pendant leur absence.

Art. 115. Lorsque les autorités administratives ont adressé leurs réquisitions aux commandants de la gendarmerie, conformément a la loi, elles ne peuvent s'immiscer en aucune manière dans les opérations militaires ordonnées par ces officiers pour l'exécution des dites réquisitions. Les commandants de la force publique sont dès lors seuls chargés de la responsabilité des mesures qu'ils ont cru devoir prendre, et l'autorité civile qui a requis ne peut exiger d'eux que le rapport de ce qui aura été fait en conséquence de sa réquisition.

Voir à ce sujet la circulaire très importante du Ministre de l'intérieur, en date du 24 décembre 1880, au sujet des réquisitions adressées aux autorités militaires et à la gendarmerie à l'occasion des décrets du 29 mars 1880, et la lettre ministérielle du 30 janvier 1894 placée en annotation à la suite de l'article 91 du présent décret.

Art. 116. Les préfets des départements, agissant en vertu de l'article 10 du Code d'instruction criminelle, peuvent requérir les officiers de gendarmerie de faire, en leur qualité d'officiers de police judiciaire et dans l'étendue de leur commandement, tous les actes nécessaires à la constatation des crimes, délits et contraventions.

Est légale la réquisition d'un préfet qui, agissant en vertu de l'article 10 du Code d'instruction criminelle, prescrit à un officier de gendarmerie de aire, en sa qualité d'officier de police judiciaire et dans l'étendue de son commandement, des perquisitions au domicile d'anarchistes soupçonnés d'être détenteurs d'engins meurtriers ou d'explosifs. (Lettre minist. du 30 janvier 1894.) Mais, ainsi qu'il résulte du texte de l'article 116 ci-contre, c'est aux officiers seulement, en leur qualité d'officiers de police judiciaire, que la réquisition doit être adressée, les sous-officiers, brigadiers et gendarmes n'étant pas officiers de police judiciaire aux termes de la loi.

Art. 117. Dans les cas urgents, les sous-préfets peuvent requérir des officiers commandant la gendarmerie de leur arrondissement, le rassemblement de plusieurs brigades, à charge d'en informer sur-le-champ le préfet, qui, pour les mesures ultérieures, se concerte avec l'officier général et le commandant de la gendarmerie du département, conformément aux prescriptions de l'article 113 ci-dessus.

Art. 118. Les commissaires de police, dans l'exercice de leurs fonctions, peuvent requérir la gendarmerie, en se conformant aux dispositions des articles 91 et suivants du présent décret.

Voir la circulaire du Ministre de l'intérieur en date des 16-21 juillet 1858, définissant les attributions des commissaires de police et leurs rapports avec la gendarmerie.

Art. 119. Dans aucun cas, ni directement, ni indirectement, la gendarmerie ne doit recevoir de missions occultes de nature à lui enlever son caractère véritable.

Son action s'exerce toujours en tenue militaire, ouvertement et sans manœuvres de nature à porter atteinte à la considération de l'arme.

Cet article ne saurait être trop lu et expliqué aux militaires de l'arme, principalement aux nouveaux admis.

La circulaire du 8 octobre 1868 rappelle à l'exécution de ces dispositions et celles des 30 décembre 1873 et 17 janvier 1874 prescrivent la tenue bourgeoise pour les militaires qui vont en congé en Alsace-Lorraine. (V. art. 561.)

Voir l'article 193 du règlement sur le service intérieur.

Nous croyons très utile de rapporter ici une circulaire du Ministre de la guerre en date du 9 avril 1852, circulaire ainsi conçue :

« Il ne faut pas perdre de vue que la gendarmerie est une sorte de magistrature armée, qui ne peut remplir utilement son mandat que si elle est entourée de l'estime et même du respect des populations. Dès le jour où elle serait employée comme auxiliaire d'une police occulte, elle perdrait toute sa force morale et l'influence qu'elle exerce à juste titre dans le pays tout entier. »

Art. 120. Les chefs de légion sont tenus de rendre compte au Ministre de la guerre de toute contravention aux dispositions contenues dans les sections I, II et III du présent chapitre, notamment en ce qui concerne la régularité des réquisitions.

SECTION IV.

RAPPORTS DE LA GENDARMERIE AVEC LES AUTORITÉS MILITAIRES.

(Voir chapitre XIV du décret du 4 octobre 1891 sur le service des places en ce qui concerne le service de la gendarmerie dans les places.)

Art. 121. Les officiers de gendarmerie sont subordonnés aux généraux commandant les corps d'armée et les subdivisions de région; ceux qui résident dans les places où il y a état-major sont aussi subordonnés aux commandants d'armes pour l'ordre qui y est établi.

Les chefs de légion adressent, le premier jour de chaque mois, aux généraux commandant les corps d'armée, la situation numérique de la gendarmerie comprise dans l'étendue de leur commandement.

Le commandant de la résidence envoie au commandant d'armes, le cas échéant, et deux jours avant la fin du mois, l'état de situation de la gendarmerie de la place.

Les chefs de légion sont tenus d'informer les généraux commandant les corps d'armée des mutations qui surviennent parmi les officiers de tout grade de la gendarmerie employés dans ces corps d'armée; ils ne doivent jamais quitter leur commandement sans en informer eux-mêmes le général commandant le corps d'armée.

Les chefs de légion doivent rendre aussi fréquentes et aussi étendues que possible leurs relations avec le commandement militaire supérieur, qui est, du reste, leur intermédiaire obligé pour la transmission au Ministre de toutes les affaires de service intéressant l'arme. (Instruction sur les inspections générales de gendarmerie.

Voir la circulaire du 30 octobre 1873 pour les rapports entre la gendarmerie et les généraux chefs de corps d'armée, les circulaires des 3 août 1866-19 novembre 1869, 8 février 1876 et 28 décembre 1881, et les notes ministérielles des 30 janvier, 28 juin et 8 août 1866.

Les chefs de corps ou de service doivent aviser directement le Ministre (Bureau de l'arme) le jour même et par télégramme, de tout décès ou événement grave survenu dans le personnel d'officiers sous leurs ordres. (Circ. des 6 mai 1886 et 25 mai 1893.)

Le service de garnison est dirigé par l'officier le plus ancien dans le grade le plus élevé. Cet officier prend le titre de commandant d'armes. En raison de leurs attributions spéciales, les officiers de gendarmerie n'exercent pas les fonctions de commandant d'armes. (Art. 4 du décret du 4 octobre 1891.

Art. 122. La subordination du service s'établit ainsi qu'il suit :

1° Dans l'état de paix, les officiers de gendarmerie sont subordonnés aux commandants d'armes, pour les objets qui concernent le service particulier des places, sans néanmoins être tenus de leur rendre compte du service spécial de la gendarmerie, ni de l'exécution d'ordres autres que ceux qui sont relatifs au service des places et à leur sûreté.

2° Dans l'état de guerre, les officiers de gendarmerie des arrondissements militaires et des places de guerre dépendent, dans l'exercice de leurs fonctions habituelles, des généraux commandant les corps d'armée et subdivisions de région ; ils sont tenus, en outre, de se conformer aux mesures d'ordre et de police qui intéressent la sûreté des places et postes militaires.

3° Dans l'état de siège, toute l'autorité résidant dans les mains du commandant militaire est exercée par lui sur la gendarmerie comme sur les autres corps.

Art. 123. Aucun officier de la gendarmerie, quel que soit son grade, ne peut quitter sa résidence, soit pour les tournées périodiques que lui prescrivent les règlements ou que nécessite son service, soit pour des affaires personnelles, quand il a obtenu un congé, sans avoir préalablement prévenu l'officier général commandant la subdivision de région de l'absence qu'il doit faire, lui en avoir indiqué la durée déterminée ou probable, et lui avoir fait connaître son remplaçant. Il doit également informer cet officier général de son retour à son poste.

Les chefs de légion ne se bornent pas à informer de leur départ le général commandant le corps d'armée ; ils lui rendent également compte du jour fixé pour l'entrée en jouissance de la permission qu'ils ont obtenue, et cela assez à temps pour que le général en chef puisse retarder leur mise en route s'il le juge nécessaire.

Art. 124. La gendarmerie ayant des fonctions essentiellement distinctes du service purement militaire des troupes en garnison, l'état de siège excepté, elle ne peut être regardée comme portion de la garnison des places dans lesquelles elle est répartie. En conséquence, les commandants d'armes ne passent la gendarmerie en revue que sur l'ordre du Ministre ou du général commandant le corps d'armée.

Elle assiste aux revues passées par l'autorité militaire à l'occasion de la Fête nationale.

Voir l'article 228 du règlement du 10 juillet 1897.

Art. 125. Dans les places de guerre, les commandants de gendarmerie sont autorisés, pour les cas urgents et extraordinaires, et lorsque les dispositions du service l'exigent, à demander l'ouverture des portes, tant pour leur sortie que pour leur rentrée ; ils s'adressent, à cet effet, aux commandants d'armes.

Les demandes sont toujours faites par écrit, signées, datées et dans la forme suivante :

« SERVICE EXTRAORDINAIRE DE LA GENDARMERIE.

» *Brigade de...*

» En exécution de l'ordre (*ou* de la réquisition) qui nous a été donné par (*indiquer ici l'autorité*), nous..., commandant la brigade de..., demandons que la porte de ... nous soit ouverte à... heure, pour notre service, avec... gendarmes de la brigade sous nos ordres et qu'elle nous soit pareillement ouverte pour notre rentrée.

» Fait à... le... 18... »

Les commandants d'armes sont tenus, sous leur responsabilité, de déférer à ces réquisitions.

Voir article 121 du décret du 4 octobre 1891.

Art. 126. Les chefs de légion informent les généraux commandant les corps d'armée des événements extraordinaires qui peuvent donner lieu, de la part de ces généraux, à des dispositions particulières de service.

Ces événements sont :

Les émeutes populaires et attroupements armés ou non armés qualifiés séditieux par la loi;

Les attaques dirigées ou exécutées contre la force armée;

Les excursions et attaques de malfaiteurs réunis en bande;

Les arrestations de provocateurs à la désertion, d'embaucheurs ou d'espions employés à lever le plan des places ou à se procurer des renseignements sur la force et le mouvement des troupes;

Les découvertes de dépôts d'armes et de munitions de guerre;

Les attaques de convois et de munitions de guerre;

Le pillage des magasins militaires;

Tous délits ou crimes commis par des militaires, ou dont ils seraient soupçonnés d'être les auteurs ou complices;

Les rixes des militaires entre eux ou avec des individus non militaires, les insultes et voies de fait de la part des militaires envers les citoyens.

Enfin, ils leur doivent communication de tout ce qui pourrait intéresser l'ordre et la tranquillité publique.

Les mêmes rapports sont faits aux généraux commandant les subdivisions de région ou les départements par les commandants de compagnie, qui sont, en outre, tenus de leur adresser journellement l'état des arrestations militaires dont la connaissance leur est parvenue par la correspondance des brigades, ainsi que le résultat de la surveillance exercée par la gendarmerie sur les troupes en marche dans toute l'étendue de leur commandement.

Voir la circulaire du 19 août 1878 et celle du 25 avril 1880.

Il est de la dernière importance que les autorités militaires soient informées, en temps utile, de tous les événements intéressant soit la tranquillité publique, soit le service de la gendarmerie, soit même la position des officiers de l'arme.

Art. 127. Les officiers de gendarmerie en résidence dans les places où il y a état-major font connaître au commandant d'armes les événements qui sont de nature à compromettre la sûreté de la place et celle des postes militaires qui en dépendent.

Art. 128 (1).

Art. 129. Dans tous les cas prévus par les articles 113 et 114 du présent décret, si le maintien ou le rétablissement de l'ordre ne peut être assuré qu'en déployant une plus grande force sur les points menacés, les généraux commandant les corps d'armée et les subdivisions de région, indépendamment de l'emploi des troupes de ligne, peuvent ordonner, sur la réquisition des préfets, la formation des détachements de gendarmerie qu'exigent les besoins du service.

---

(1) L'article 128 (supprimé) était relatif aux appels de la réserve, réglementés par l'instruction générale sur l'administration des différentes réserves.

Ces détachements peuvent être composés d'hommes pris dans les compagnies limitrophes et faisant partie du même corps d'armée; mais, à moins d'ordres formels du Ministre de la guerre, concertés avec le Ministre de l'intérieur, les officiers généraux ne peuvent rassembler la totalité des brigades d'une compagnie pour les porter d'un département dans un autre.

Ils préviennent de ces mouvements les préfets des départements respectifs.

Art. 130. Les ordres que, dans les cas ci-dessus spécifiés, les généraux commandants de corps d'armée et de subdivisions de région ont à donner aux officiers de gendarmerie, leur sont adressés directement et par écrit.

Art. 131. Toutes les fois qu'un ordre adressé par ces généraux à un officier de gendarmerie parait à celui-ci de nature à compromettre le service auquel ses subordonnés sont spécialement affectés, il est autorisé à faire des représentations motivées. Si le général croit devoir maintenir son ordre, l'officier de gendarmerie est tenu de l'exécuter, mais il en est rendu compte au Ministre de la guerre.

Voir l'article 112 du règlement sur le service intérieur.

Art. 132. Les chefs de légion et les commandants de compagnie sont tenus de rendre compte aux généraux commandants de corps d'armée et subdivisions de région des fautes graves qui auraient motivé, pour leurs subordonnés de tout grade, des punitions d'arrêts de rigueur ou de prison.

Voir les articles 266 et 271 du règlement sur le service intérieur.

Art. 133. Les officiers rapporteurs près les conseils de guerre peuvent décerner des commissions rogatoires aux officiers, et commandants de brigade de gendarmerie, à l'effet d'entendre des témoins, de recueillir des renseignements et d'accomplir tous les actes inhérents à leur qualité d'officier de police judiciaire, conformément aux dispositions de l'article 84 du Code de justice militaire.

La gendarmerie est chargée de faire toutes assignations, citations et notifications, en vertu des articles 102 et 103 du même Code.

Art. 134. Lors de l'exécution des jugements des tribunaux militaires, soit à l'intérieur, soit dans les camps ou armées, la gendarmerie, s'il y en a, ne peut être commandée que pour assurer le maintien de l'ordre et reste étrangère à tous les détails de l'exécution.

Un détachement de troupes est toujours chargé de conduire les condamnés au lieu de l'exécution, et, si la peine que doivent subir ces condamnés n'est pas capitale, ils sont, après que le jugement a reçu son effet, remis à la gendarmerie, qui requiert qu'une portion du détachement lui prête main-forte pour assurer le transfèrement et la réintégration des condamnés dans la prison.

Dispositions reproduites par l'article 122 du décret du 4 octobre 1891.

Art. 135. Les commandants des corps de troupe ne peuvent s'immiscer en aucune façon dans le service de la gendarmerie.

Art. 136. Si les officiers de gendarmerie reconnaissent qu'une force supplétive leur est nécessaire pour dissoudre un rassemblement séditieux, réprimer des délits, transférer un nombre trop considérable de prisonniers, pour assurer enfin l'exécution des réquisitions de l'autorité civile, ils en préviennent sur-le-champ les préfets ou les sous-préfets, lesquels requièrent soit le commandant du département, soit le commandant d'armes, de faire appuyer l'action de la gendarmerie par un nombre suffisant de militaires des autres armes.

Les demandes des officiers de gendarmerie contiennent l'extrait de l'ordre ou de la réquisition, et les motifs pour lesquels la main-forte est réclamée.

Art. 137. Dans les cas urgents, les officiers et sous-officiers de gendarmerie peuvent requérir *directement* l'assistance de la troupe qui est tenue de déférer à leurs réquisitions et de leur prêter main-forte. Ils se conforment, pour ce service, aux dispositions du deuxième paragraphe de l'article précédent (1).

Art. 138. Lorsqu'un détachement de troupes est appelé à agir de concert avec la gendarmerie, le commandement appartient à l'officier des deux troupes le plus élevé en grade ou le plus ancien dans le grade.

Si le chef du détachement prend le commandement, il est obligé de se conformer aux réquisitions qui lui sont faites par écrit par l'officier de gendarmerie, lequel demeure responsable de l'exécution de son mandat lorsque l'officier auxiliaire s'est conformé à sa réquisition.

Voir l'article 120 du décret du 4 octobre 1891 et l'article 16 de l'instruction du 8 avril 1890 sur le service prévôtal.

Art. 139 (2).

---

(1) Tout militaire en activité de service ou en congé est tenu de prêter main-forte aux agents de la force publique, conformément aux articles 106 du Code d'instruction criminelle et 475 du Code pénal.

Tout militaire en uniforme doit prêter spontanément main-forte, même au péril de sa vie, à la gendarmerie et aux autres agents de l'autorité. (Décret sur le service des places.)

(2) L'article 139 (supprimé) concernait le droit de requérir la garde nationale ; devenu sans application.

SECTION V

RÈGLES GÉNÉRALES.

Art. 140 (1).

Art. 141. En plaçant la gendarmerie auprès des diverses autorités pour assurer l'exécution des lois et règlements émanés de l'administration publique, l'intention du gouvernement est que ces autorités, dans leurs relations et dans leur correspondance avec les chefs de cette force publique, s'abstiennent de formes et d'expressions qui s'écarteraient des règles et des principes posés dans les articles ci-dessus, et qu'elles ne puissent, dans aucun cas, prétendre exercer un pouvoir exclusif sur cette troupe, ni s'immiscer dans les détails intérieurs de son service.

Les militaires de tout grade de la gendarmerie doivent également demeurer dans la ligne de leurs devoirs envers les dites autorités, en observant constamment avec elles les égards et la déférence qui leur sont dus.

Voir les annotations de l'article 115 du présent décret.

Art. 142 à 152 (2).

Art. 153 à 158 (2).

Art. 159 à 161 (3).

TITRE III.

FONCTIONS INHÉRENTES A CHAQUE GRADE.

CHAPITRE PREMIER.

Art. 162 à 211 (4).

CHAPITRE II.

Art. 212 à 237 (4).

(1) Article 140 (Supprimé). Droit de requérir la garde nationale, devenu sans application.

(2) Articles 142 à 152, 153 à 158, 160 et 161 (Supprimés). Dispositions relatives aux honneurs, cérémonies et préséances, réglementées par le décret sur le service des places.

(3) Article 159 relatif aux visites à rendre par les officiers de gendarmerie, réglementées par le règlement sur le service intérieur.

(4) Articles 162 à 237 relatifs aux fonctions inhérentes à chaque grade, insérées au règlement sur le service intérieur.

CHAPITRE III.

DES OFFICIERS DE GENDARMERIE CONSIDÉRÉS COMME OFFICIERS DE POLICE JUDICIAIRE CIVILE.

SECTION PREMIÈRE.

DES ATTRIBUTIONS DE LA POLICE JUDICIAIRE.

Art. 238. La police judiciaire a pour objet de rechercher les crimes, délits et contraventions, d'en rassembler les preuves et d'en livrer les auteurs aux tribunaux chargés de les punir.

Les officiers de gendarmerie de tout grade sont officiers de police judiciaire, auxiliaires du procureur de la République, dans l'arrondissement où ils exercent habituellement leurs fonctions.

Cet article est applicable aux sous-officiers et commandants de brigade lorsqu'ils agissent comme officiers de police judiciaire militaire.

Art. 239. Dans le cas de flagrant délit et dans celui de réquisition de la part d'un chef de maison, les officiers de gendarmerie ont qualité pour dresser des procès-verbaux, recevoir les plaintes, les dénonciations et les déclarations des témoins, faire les visites de lieux et les autres actes qui, dans lesdits cas, sont de la compétence des procureurs de la République. (Code d'instruction criminelle.)

Art. 240. Le procureur de la République exerçant son ministère dans les cas spécifiés en l'article précédent peut, s'il le juge utile, en lui adressant une commission rogatoire, charger un officier de gendarmerie de tout ou partie des actes de sa compétence. (Code d'instruction criminelle.)

Voir la loi du 20 mai 1863 sur les flagrants délits, reproduite en annotation à l'article 249.

Art. 241. Les officiers de gendarmerie agissant soit en leur qualité d'officier de police judiciaire, soit directement en cas de flagrant délit, soit en vertu d'une commission rogatoire, peuvent se transporter dans toute la circonscription où ils exercent leurs fonctions habituelles. Ils constatent les délits et les crimes, et recueillent tous les indices qui peuvent en faire connaître les auteurs ; mais, pour se renfermer exactement dans le cercle de leurs attributions et dans les dispositions précises de la loi, ils doivent bien se pénétrer des caractères qui distinguent les crimes, les délits et les simples contraventions de police.

L'infraction que les lois punissent de peines de police est une contravention.

L'infraction que les lois punissent de peines correctionnelles est un délit.

L'infraction que les lois punissent d'une peine afflictive ou infamante est un crime (Code pénal) (1).

Art. 242. Toutes les fois que la peine prononcée par la loi pour une infraction n'excède pas cinq jours d'emprisonnement et 15 francs d'amende, c'est une simple contravention de police. (Code pénal.) Les officiers de gendarmerie ne peuvent, à raison de leur qualité d'officiers de police judiciaire, recevoir les plaintes ou les dénonciations de ces sortes d'infractions ; ils doivent renvoyer les plaignants ou les dénonciateurs par-devant le commissaire de police, le maire ou l'adjoint du maire, qui sont les officiers de police chargés de recevoir les plaintes et les dénonciations de cette nature.

Art. 243. Lorsque les infractions sont punissables de peines cor-

---

(1) Les peines en matière criminelle sont ou afflictives ou infamantes, ou seulement infamantes. (Code pénal, art. 6.)

Les peines afflictives et infamantes sont :

1° La mort; 2° les travaux forcés à perpétuité; 3° la déportation; 4° les travaux forcés à temps; 5° la détention: 6° la réclusion. (Code pénal, art. 7.)

Les peines infamantes sont :

1° Le bannissement; 2° la dégradation civique. (Code pénal, art. 8.)

Les peines en matière correctionnelle sont :

1° L'emprisonnement à temps dans un lieu de correction; 2° l'interdiction à temps de certains droits civiques, civils ou de famille; 3° l'amende. (Code pénal, art. 9.)

La condamnation aux peines établies par la loi est toujours prononcée sans préjudice des restitutions et dommages-intérêts qui peuvent être dus aux parties. (Code pénal, art. 10.)

Enfin, les peines prononcées par les tribunaux de simple police, pour les contraventions de simple police qui ne sont que des fautes légères commises le plus souvent sans l'intention de nuire, sont les suivantes : 1° Amende de 1 à 15 francs; 2° emprisonnement de un à cinq jours; 3° confiscation de certains objets saisis; 4° insertion du jugement dans un ou plusieurs journaux.

La détention est une peine afflictive et infamante qui consiste (C. P., art. 20) à être enfermé dans une forteresse pendant cinq ans au moins et vingt ans au plus.

Dans la pratique, les condamnés ne sont généralement pas enfermés dans une forteresse; ils subissent leur peine dans des établissements particuliers appelés maisons centrales ou de détention. Actuellement, il y a en France vingt-trois maisons de détention. Ces maisons spéciales sont destinées à enfermer les condamnés à la détention, ceux qui sont condamnés à plus d'un an et un jour de prison, les condamnés à la réclusion et les femmes ainsi que les hommes âgés de plus de 70 ans qui sont condamnés aux travaux forcés.

La réclusion est une peine afflictive et infamante qui ne peut être prononcée que par les cours d'assises et les conseils de guerre.

Les individus condamnés à la réclusion sont enfermés dans une maison de force et employés à des travaux dont le produit peut être en partie employé à leur profit. La durée de la peine est de cinq ans au moins et de dix ans au plus.

rectionnelles, afflictives ou infamantes, les officiers de gendarmerie, en leur qualité d'officiers de police judiciaire, reçoivent les plaintes ou les dénonciations qui leur sont faites de ces infractions, mais seulement lorsque les délits ou les crimes ont été commis dans l'étendue de la circonscription où ils exercent leurs fonctions habituelles.

S'il s'agit d'une plainte, ils ne peuvent la recevoir qu'autant que la partie plaignante est effectivement celle qui souffre du délit ou du crime.

Si c'est une dénonciation, tous ceux qui ont vu commettre le délit ou le crime, ou qui savent qu'il a été commis, ont pouvoir de le dénoncer. (Code d'instruction criminelle.)

Les crimes, délits et contraventions commis en Algérie, dans les territoires militaires, par les Européens et les Israélites, sont déférés aux cours d'assises ou aux tribunaux correctionnels. (Décret du 15 mars 1860.)

Art. 244. La plainte ou la dénonciation doit être rédigée par le plaignant, par le dénonciateur ou par un fondé de procuration spéciale, ou par les officiers de gendarmerie, s'ils en sont requis.

La plainte ou la dénonciation doit toujours être signée, à chaque feuillet, par l'officier de gendarmerie qui la reçoit, et par le plaignant, le dénonciateur ou le fondé de pouvoir.

L'officier paraphe et fait parapher les renvois et les ratures par le plaignant, le dénonciateur ou le fondé de pouvoir.

Si le plaignant, le dénonciateur ou le fondé de pouvoir ne sait ou ne veut pas signer, il en est fait mention.

La procuration est toujours annexée à la plainte ou à la dénonciation. (Code d'instruction criminelle.)

Art. 245. Les officiers de gendarmerie ne peuvent recevoir une plainte ou une dénonciation qui leur est présentée par un fondé de pouvoir qu'autant que la procuration dont il est porteur exprime, d'une manière expresse et positive, l'autorisation de dénoncer le délit qui fait l'objet de la plainte ou de la dénonciation. (Code d'instruction criminelle.)

Art. 246. Lorsque la plainte ou la dénonciation est remise toute rédigée à l'officier de gendarmerie, il n'y peut rien ajouter ni faire ajouter, et il doit se borner à la signer à chaque feuillet, ainsi qu'il est dit article 244 ci-dessus.

Si la plainte ou la dénonciation est présentée signée, l'officier de gendarmerie s'assure que la signature est bien celle du plaignant, du dénonciateur ou du fondé de pouvoir.

L'officier de gendarmerie ne peut rien ajouter ni faire ajouter de son fait à une plainte toute rédigée ; mais, comme officier de police judiciaire, il est de son devoir, dans l'intérêt de la justice, d'inviter le plaignant à donner à sa dénonciation tous les développements propres à compléter les faits dont l'omission serait évidente. (Circ. du 10 avril 1881.)

Art. 247. L'officier de gendarmerie qui est requis de rédiger lui-même une plainte ou une dénonciation doit énoncer clairement le délit, avec toutes les circonstances qui peuvent l'atténuer ou l'aggraver, et faire découvrir les coupables. Il signe et fait signer cette plainte ou dénonciation, comme il est dit article 244.

Art. 248. Les officiers de gendarmerie sont tenus de renvoyer, sans délai, au procureur de la République de l'arrondissement, les plaintes et les dénonciations qu'ils ont reçues en leur qualité d'officiers de police judiciaire. Leur compétence ne s'étend pas au delà : ils ne peuvent faire aucune instruction préliminaire que dans le cas de flagrant délit, ou lorsque, s'agissant d'un crime ou délit même non flagrant, commis dans l'intérieur d'une maison, le chef de cette maison les requiert de le constater. (Code d'instruction criminelle.)

SECTION II.

DU FLAGRANT DÉLIT ET DES CAS ASSIMILÉS AU FLAGRANT DÉLIT.

Art. 249. Il y a flagrant délit :

Lorsque le crime se commet actuellement ;

Lorsqu'il vient de se commettre ;

Lorsque le prévenu est poursuivi par la clameur publique ;

Lorsque, dans un temps voisin du délit, le prévenu est trouvé muni d'instruments, d'armes, d'effets ou de papiers faisant présumer qu'il en est auteur ou complice. (Code d'instruction criminelle.)

En cas de flagrant délit, les agents peuvent requérir les citoyens de leur prêter main-forte sans l'autorisation du maire. (Cassation, 24 novembre 1856. *Mémorial*, 7e vol., p.470.)

Extrait de la loi du 20 mai 1863 sur l'instruction des flagrants délits, en ce qui intéresse la gendarmerie.

Art. 1er. Tout inculpé arrêté en état de flagrant délit, pour un fait puni de peines correctionnelles, est immédiatement conduit devant le procureur de la République, qui l'interroge, et, s'il y a lieu, le traduit sur-le-champ à l'audience du tribunal. Dans ce cas, le procureur peut mettre l'inculpé sous mandat de dépôt.

Art. 2. S'il n'y a point d'audience, le procureur est tenu de faire citer l'inculpé pour l'audience du lendemain. Le tribunal est, au besoin, spécialement convoqué.

Art. 3. Les témoins peuvent être verbalement requis par tout officier de police judiciaire ou agent de la force publique. Ils sont tenus de comparaître sous les peines portées par l'article 157 du Code d'instruction criminelle.

Art. 6. L'inculpé, s'il est acquitté, est immédiatement, et nonobstant appel, mis en liberté.

Art. 7. La présente loi n'est point applicable aux délits de presse, aux délits politiques, ni aux matières dont la procédure est réglée par des lois spéciales.

Art. 250. Toute infraction qui, par sa nature, est seulement punissable de peines correctionnelles ne peut constituer un flagrant délit. Les officiers de gendarmerie ne sont point autorisés à faire des instructions préliminaires pour la recherche de ces infractions.

Le flagrant délit doit être un véritable crime, c'est-à-dire une infraction contre laquelle une peine afflictive ou infamante est prononcée.

Art. 251. Lorsqu'il y a flagrant délit, les officiers de gendarmerie se transportent sans retard sur le lieu pour y dresser les procès-verbaux, à l'effet de constater le corps de délit, son état, l'état des lieux, et pour recevoir les déclarations des habitants, des voisins et même des parents et domestiques, enfin de toutes les personnes qui ont des renseignements à donner. (Code d'instruction criminelle.)

Ils informent aussitôt de leur transport le procureur de la République de l'arrondissement. (Code d'instruction criminelle.)

Ils peuvent se faire assister d'un écrivain qui leur sert de greffier; ils lui font prêter serment d'en bien et fidèlement remplir les fonctions.

Leur procès-verbal en fait mention. (Code d'instruction criminelle.)

Art. 252. Les officiers de gendarmerie signent et paraphent les déclarations qu'ils ont reçues, ils les font signer et parapher par les personnes qui les ont faites. Si elles refusent de signer, il en est fait mention dans le procès-verbal.

Ils peuvent défendre que qui que ce soit sorte de la maison ou s'éloigne du lieu jusqu'après la clôture du procès-verbal. Ils font saisir et déposer dans la maison d'arrêt ceux qui contreviennent à cette défense; mais ils ne peuvent prononcer contre eux aucune peine; ils en réfèrent sur-le-champ au procureur de la République.

Ils se saisissent aussi des effets, des armes et de tout ce qui peut servir à la découverte et à la manifestation de la vérité; ils doivent les représenter au prévenu, l'interpeller de s'expliquer, lui faire signer le procès-verbal, ou faire mention de son refus. (Code d'instruction criminelle.)

Art. 253. Si la nature du crime est telle que la preuve puisse vraisemblablement être acquise par les papiers ou autres pièces et effets en la possession du prévenu, les officiers de gendarmerie se transportent de suite dans son domicile pour y faire la perquisition des objets qu'ils jugent utiles à la manifestation de la vérité; mais il leur est formellement interdit d'y pénétrer pendant le temps de nuit réglé par l'article 291 du présent décret. Ils doivent se borner à prendre les mesures de précaution prescrites ci-après :

Art. 254. S'il existe dans le domicile du prévenu des papiers ou effets qui puissent servir à conviction ou à décharge, ils en dressent procès-verbal, et se saisissent de ces effets ou de ces papiers.

Ils doivent clore ou cacheter les objets qu'ils ont saisis; et, si ces objets ne sont pas susceptibles de recevoir l'empreinte de l'écriture, ils sont mis dans un vase ou dans un sac, sur lequel ils attachent une bande de papier qu'ils scellent de leur sceau, et du cachet du prévenu, si ce dernier le demande.

Si les objets sont d'un trop grand volume pour être à l'instant déplacés, les officiers de gendarmerie peuvent les mettre sous la surveillance d'un gardien auquel ils font prêter serment.

Art. 255. Il est expressément défendu aux officiers de gendarmerie de s'introduire dans une maison autre que celle où le prévenu a son domicile, à moins que ce ne soit une auberge, un cabaret ou tout autre logis ouvert au public, où ils sont autorisés à se transporter, même pendant la nuit, jusqu'à l'heure où ces lieux doivent être fermés d'après les règlements de police.

Art. 256. Dans le cas où les officiers de gendarmerie soupçonnent qu'on puisse trouver dans une maison autre que celle du domicile du prévenu les pièces ou effets de nature à servir à conviction ou à décharge, ils doivent en instruire aussitôt le procureur de la République de l'arrondissement.

Art. 257. Lorsque la maison d'un prévenu est située hors de l'arrondissement où ils exercent leurs fonctions habituelles, les officiers de gendarmerie ne peuvent y faire de visites; ils se bornent à en informer le procureur de la République.

Art. 258. Toutes les opérations dont il est ci-dessus question sont faites en présence du prévenu, s'il a été arrêté, ou en présence d'un fondé de pouvoir, si le prévenu ne veut ou ne peut y assister. Les objets lui sont présentés à l'effet de les reconnaître ou de les désavouer, et de les parafer, s'il y a lieu; en cas de refus, il en est fait mention dans le procès-verbal. A défaut de fondé de pouvoir, l'assistance de deux témoins devient indispensable.

Art. 259. S'il existe des indices graves contre le prévenu, les officiers de gendarmerie le font arrêter; si le prévenu n'est pas présent, ils rendent une ordonnance pour le faire comparaître. Cette ordonnance s'appelle mandat d'amener; elle doit être revêtue de la signature et même du sceau de l'officier qui la rend, et elle doit désigner le plus exactement possible le prévenu pour en assurer l'arrestation et pour éviter les méprises.

La dénonciation ou la plainte ne constitue pas seule une présomption suffisante pour décerner un mandat d'amener contre un individu ayant domicile. Il ne doit être arrêté, s'il est présent, et l'ordonnance pour le faire comparaître, s'il est absent, ne doit être rendue que lorsque des présomptions fortes s'élèvent contre lui.

Si le prévenu est absent, le mandat d'amener doit porter l'ordre de le conduire, en cas d'arrestation, devant le juge d'instruction ou le procureur de la République. La loi n'autorise pas l'officier de police judiciaire à continuer l'instruction après l'instant du flagrant délit.

Quant aux vagabonds, gens sans aveu ou repris de justice, la plainte ou la dénonciation peut suffire pour les faire arrêter, ou faire décerner contre eux des mandats d'amener.

Art. 260. Les officiers de gendarmerie doivent interroger sur-le-champ le prévenu amené devant eux.

SECTION III.

DES FORMES A OBSERVER DANS LES INSTRUCTIONS JUDICIAIRES.

Art. 261. Dans toutes les opérations mentionnées aux articles 251 et suivants, les officiers de gendarmerie se font assister par le commissaire de police du lieu, ou, à défaut, par le maire ou son adjoint, et, en cas de leur absence, par deux habitants domiciliés dans la même commune.

Ils n'en dressent pas moins leurs procès-verbaux, sans l'assistance de témoins, s'ils n'ont pas eu la possibilité de s'en procurer.

Ils doivent signer et faire signer leurs procès-verbaux, à chaque feuillet, par les personnes qui ont assisté aux opérations; en cas de refus ou d'impossibilité de la part de ces personnes, il en est fait mention.

Art. 262. S'il s'agit d'un crime qui exige des connaissances particulières pour être constaté, telle qu'une effraction, une blessure grave, une mort violente, etc., les officiers de gendarmerie doivent appeler les personnes présumées, par leur art ou leur profession, capables d'en apprécier la nature et les circonstances; ils leur font prêter serment de faire leur rapport et de donner leur avis en leur honneur et conscience. Ils ne doivent négliger aucune des mesures ci-dessus prescrites, et ils recueillent avec soin tous les renseignements qui peuvent conduire à la découverte de la vérité.

Art. 263. Toutes les fois que les officiers de gendarmerie sont requis de constater un crime ou un délit, même non flagrant, commis dans l'intérieur d'une maison, ils procèdent aux recherches et à l'instruction dans les mêmes formes que ci-dessus pour le flagrant délit, mais avec cette distinction que, dans ce cas, il n'est pas besoin que l'infraction qu'ils sont appelés à constater dans l'intérieur d'une maison soit punissable d'une peine afflictive ou infamante; il suffit qu'elle soit soumise à une peine correctionnelle.

Art. 264. Les officiers de gendarmerie défèrent à la réquisition qui leur est faite, soit par le propriétaire de la maison, soit par le principal locataire ou par le locataire d'un appartement.

Art. 265. Les officiers de gendarmerie n'étant, dans l'exercice des fonctions judiciaires, que des officiers de police auxiliaires du procureur de la République, si ce magistrat se présente dans le cours de leurs opérations pour la recherche d'un flagrant délit ou d'un crime ou délit commis dans l'intérieur d'une maison, c'est lui qui doit continuer les actes attribués à la police judiciaire.

Le procureur de la République, s'il n'a été prévenu, peut autoriser les officiers de gendarmerie à continuer la procédure, et si lui-même l'a commencée, il peut les charger d'une partie des actes de sa compétence.

Art. 266. Lorsque les officiers de gendarmerie ont terminé les actes d'instruction préliminaire qu'ils sont autorisés à faire dans le cas de flagrant délit ou de crime ou délit commis dans l'intérieur d'une maison, ils doivent transmettre sur-le-champ au procureur de la République les procès-verbaux et tous les actes qu'ils ont faits, les papiers et tous les effets qu'ils ont saisis, ou lui donner avis des mesures prises pour la garde et la conservation des objets.

Art. 267. Les officiers de gendarmerie, en ce qui concerne l'exercice de la police judiciaire, sont placés par la loi sous la surveillance des juges d'instruction, des procureurs de la République et des procureurs généraux près les cours d'appel.

Cette surveillance ne peut être que très limitée; car, d'un côté, l'officier de gendarmerie, officier de police judiciaire, agissant seul, en vertu de la loi, est complètement maitre de diriger son instruction comme il l'entend, et d'un autre côté, l'article 280 du Code d'instruction criminelle dit expressément « qu'en cas de négligence des officiers de police judiciaire et des juges d'instruction, le procureur général les avertira : cet avertissement sera consigné par lui sur un registre tenu à cet effet. En cas de récidive, le procureur général les dénoncera à la Cour ».

Il résulte donc qu'à part le cas où le procureur de la République, conformément à l'article 52 du Code d'instruction criminelle, aurait chargé l'officier de gendarmerie d'une partie de l'instruction, le procureur général seul pourrait faire des observations à un officier au sujet de ses fonctions d'officier de police judiciaire. (*Dictionnaire* Amade-Corsin, au mot « Procureur.)

Art. 268. Le service de la gendarmerie ayant pour but spécial d'assurer le maintien de l'ordre et l'exécution des lois, les officiers de ce corps doivent, indépendamment des attributions qu'ils exercent en leur qualité d'officiers de police judiciaire, transmettre sans délai au procureur de la République les procès-verbaux que les sous-officiers, brigadiers et gendarmes ont dressés dans l'exécution de leur service, pour constater les crimes et délits qui laissent des traces après eux; ils y joignent les renseignements que ces militaires ont recueillis pour en découvrir les auteurs ou complices. Ils transmettent pareillement aux commissaires de police ou aux maires des lieux où de simples contraventions auraient été commises, les procès-verbaux et renseignements qui concernent les prévenus de ces contraventions.

CHAPITRE IV.

DES OFFICIERS, SOUS-OFFICIERS ET COMMANDANTS DE BRIGADE DE GENDARMERIE CONSIDÉRÉS COMME OFFICIERS DE POLICE JUDICIAIRE PRÈS LES TRIBUNAUX MILITAIRES.

Art. 268 *bis*. Les officiers, sous-officiers et commandants de brigade se conforment, dans l'exercice de leurs fonctions comme officiers de police judiciaire militaire, aux dispositions des articles 86 et suivants du Code de justice militaire.

TITRE IV.

DU SERVICE SPÉCIAL DE LA GENDARMERIE.

DISPOSITIONS PRÉLIMINAIRES.

Art. 269. Le service de la gendarmerie dans les départements se divise en service ordinaire et en service extraordinaire.

Le service ordinaire est celui qui s'opère journellement ou à des époques périodiques sans qu'il soit besoin d'aucune réquisition de la part des officiers de police judiciaire et des diverses autorités.

Le service extraordinaire est celui dont l'exécution n'a lieu qu'en vertu d'ordres ou de réquisitions.

Art. 270. L'un et l'autre ont essentiellement pour objet d'assurer constamment, sur tous les points du territoire, l'action directe de la police judiciaire, administrative et militaire.

CHAPITRE PREMIER.

SERVICE ORDINAIRE DES BRIGADES.

SECTION PREMIÈRE.

POLICE JUDICIAIRE ET ADMINISTRATIVE.

Art. 271. Les fonctions habituelles et ordinaires des brigades sont de faire des tournées, courses ou patrouilles sur les grandes routes, chemins vicinaux, dans les communes, hameaux, fermes et bois, enfin dans tous les lieux de leur circonscription respective.

Art. 272. Chaque commune doit être visitée au moins deux fois par mois et explorée dans tous les sens, indépendamment des jours où elle est traversée par les sous-officiers, brigadiers et gendarmes au retour des correspondances.

Art. 273. Dans leurs tournées, les sous-officiers, brigadiers et gendarmes s'informent, avec mesure et discrétion, auprès des voyageurs, s'il n'a pas été commis quelque crime ou délit sur la route qu'ils ont parcourue; ils prennent les mêmes renseignements dans les communes, auprès des maires ou de leurs adjoints.

Art. 274. Ils tâchent de connaître les noms, signalements, demeures ou lieux de retraite de ceux qui ont commis des crimes ou délits; ils reçoivent les déclarations qui leur sont faites volontairement par les témoins, et les engagent à les signer, sans cependant pouvoir les y contraindre.

Ils se mettent immédiatement à la poursuite de ces malfaiteurs pour les joindre et, s'il y a lieu, pour les arrêter au nom de la loi.

Art. 275. Après s'être assurés de l'identité de ces individus par l'examen de leurs papiers et les questions qu'ils leur font sur leurs noms, leur état, leur domicile et les lieux d'où ils viennent, ils se saisissent de ceux qui demeurent prévenus de crimes, délits ou vagabondage, et ils en dressent procès-verbal; mais ils relâchent immédiatement ceux qui, étant désignés comme vagabonds ou gens sans aveu, se justifient par le compte qu'ils rendent de leur conduite, ainsi que par le contenu de leurs certificats et passeports.

Le procès-verbal d'arrestation doit contenir l'inventaire exact des papiers et effets trouvés sur les prévenus; il est signé par ces individus et, autant que possible, par deux habitants les plus voisins du lieu de la capture; s'ils déclarent ne vouloir ou ne pouvoir signer, il en est fait mention; les sous-officiers, brigadiers et gendarmes conduisent ensuite les prévenus par-devant l'officier de police judiciaire de l'arrondissement, auquel ils font la remise des papiers et effets.

Les enfants âgés de 7 à 8 ans trouvés en état de vagabondage sont conduits devant l'autorité administrative. (Circ. du 16 juin 1855.) Tout individu arrêté doit être fouillé minutieusement avant d'être incarcéré. (Circ. du 25 septembre 1866 et décret du 16 novembre 1885.) Voir l'annotation de l'article 371 du présent décret.

Si une femme est arrêtée avec un enfant au-dessous de 4 ans, il y a lieu de lui laisser son enfant; c'est à l'autorité à prendre les mesures contraires si elle le juge nécessaire. (Décret du 11 novembre 1885.)

Voir l'article 386 du présent décret.

Dans toutes les communes où il existe des hospices ou hôpitaux, les aliénés ne pourront être déposés ailleurs que dans ces hospices ou hôpitaux. Dans les lieux où il n'en existe pas, les maires devront pourvoir à leur logement soit dans une hôtellerie, soit dans un local loué à cet effet.

Dans aucun cas, les aliénés ne pourront être ni conduits avec les condamnés ou les prévenus, ni déposés dans une prison. (Loi du 30 juin 1838.)

Le maire peut réclamer le concours de la gendarmerie lorsqu'il s'agit d'empêcher la divagation d'un fou dangereux; mais, une fois le danger conjuré ou l'arrestation faite, le malade doit être remis à l'autorité civile. En aucun cas, les aliénés ne doivent être assimilés soit à des vagabonds, soit à des malfaiteurs. (Lettre du Ministre de l'intérieur du 25 mai 1872.)

Art. 276. Ils saisissent également les assassins, voleurs et délinquants, surpris en flagrant délit ou poursuivis par la clameur publique, ainsi que ceux qui sont trouvés avec des armes ensanglantées ou d'autres indices faisant présumer le crime : le flagrant délit est défini par l'article 249.

Art. 277. Ils dressent également des procès-verbaux des effractions, assassinats et de tous les crimes qui laissent des traces après eux.

Art. 278. En cas d'incendie, d'inondation et d'autres événements de ce genre, ils se rendent sur les lieux au premier avis ou signal qui leur est donné, et préviennent, sans délai, le commandant de l'arrondissement.

S'il ne s'y trouve aucun officier de police ou autre autorité civile, les officiers et même les commandants de brigade ordonnent et font exécuter toutes les mesures d'urgence; ils font tous leurs efforts pour sauver les individus en danger; ils peuvent requérir le service personnel des habitants, qui sont tenus d'obtempérer sur-le-champ à leur sommation, et même de fournir les chevaux, voitures et tous autres objets nécessaires pour secourir les personnes et les propriétés; les procès-verbaux font mention des refus ou retards qu'ils éprouvent à cet égard. (Voir l'article 171 du décret du 4 octobre 1891.) (1).

Art. 279. Lors d'un incendie, le commandant de la brigade prend, dès son arrivée, toutes les mesures possibles pour le combattre; il distribue ses gendarmes de manière qu'ils puissent empêcher le pillage des meubles et effets qu'ils font évacuer de la maison incendiée; il ne laisse circuler dans les maisons, greniers, caves et bâtiments que les personnes de la maison et les ouvriers appelés pour éteindre le feu; il protège l'évacuation des meubles et effets dans les dépôts qui ont été désignés par les propriétaires ou intéressés.

Art. 280. Les sous-officiers, brigadiers et gendarmes s'informent ensuite, auprès des propriétaires et des voisins, des causes de l'incendie, s'il provient du défaut d'entretien des cheminées, de la négligence ou de l'imprudence de quelques personnes de la maison qui auraient porté et laissé du feu près des matières combus-

(1) Les frais relatifs aux incendies sont à la charge des communes. (Art. 4, § 2, de la loi du 11 frim., an VII.)

Les objets qui ont été requis pour l'extinction des incendies et qui ont été perdus ou détériorés, doivent être remplacés ou remis en état sur les fonds communaux. (Cass., 15 janv. 1866.)

tibles, ou par suite d'autres causes qui peuvent faire présumer qu'il y a eu malveillance.

Art. 281. Si les déclarations inculpent quelques particuliers, et s'ils sont sur les lieux, le commandant de la brigade les fait venir sur-le-champ et les interroge ; si leurs réponses donnent à croire qu'ils ont participé au crime de l'incendie, il s'assure de leur personne et attend l'arrivée de l'officier de police judiciaire ou du commandant de l'arrondissement, auquel il remet le procès-verbal qu'il a dressé de tous les renseignements parvenus à sa connaissance, pour être pris ensuite telles mesures qu'il appartiendra.

Dans le cas d'absence du juge de paix et du commandant de l'arrondissement, les prévenus sont conduits devant le procureur de la République.

Art. 282. Les brigades qui se sont transportées sur les lieux où un incendie a éclaté ne rentrent à la résidence qu'après l'extinction du feu et après s'être assurées que leur présence n'est plus nécessaire pour la conservation des propriétés, pour le maintien de la tranquillité publique et pour l'arrestation des délinquants.

Art. 283. La gendarmerie constate par procès-verbal la découverte de tous cadavres trouvés sur les chemins, dans les campagnes ou retirés de l'eau ; elle en prévient les autorités compétentes et le commandant de l'arrondissement, qui, dans ce cas, est tenu de se transporter en personne sur les lieux dès qu'il lui en est donné avis.

Art. 284. Elle indique avec soin, dans ce procès-verbal, l'état et la position du cadavre au moment de son arrivée, les vêtements dont il est couvert, la situation et l'état des armes ensanglantées ou d'autres instruments faisant présumer qu'ils ont servi à commettre le crime, les objets ou papiers trouvés près du cadavre ou dans un lieu voisin ; elle empêche que qui que ce soit n'y touche jusqu'à l'arrivée de la justice ou de l'officier de gendarmerie.

Elle appréhende les individus qui paraissent suspects, et s'en assure, de manière qu'ils ne puissent s'évader, pour les remettre entre les mains de l'autorité compétente.

Art. 285. En attendant l'arrivée de l'officier de police judiciaire ou du commandant de l'arrondissement, les sous-officiers, brigadiers et gendarmes doivent recueillir les déclarations qui leur sont faites par les parents, amis, voisins ou autres personnes qui sont en état de leur fournir des preuves, renseignements ou indices sur les auteurs ou complices du crime, afin qu'ils puissent être poursuivis.

Art. 286. Dans ses tournées, correspondances, patrouilles et service habituel à la résidence, la gendarmerie exerce une surveillance active et persévérante sur les repris de justice, sur les condamnés libérés ; elle s'assure que ceux auxquels la défense a été signifiée, et dont elle a été informée par l'autorité administrative, ne séjournent pas dans les lieux qui leur sont interdits.

Art. 287. Elle s'assure de la personne des étrangers et de tout individu circulant dans l'intérieur de la France sans passeports ou avec des passeports qui ne sont pas conformes aux lois, à la charge de les conduire sur-le-champ devant le maire ou l'adjoint de la commune la plus voisine; en conséquence, les militaires de tout grade de la gendarmerie se font représenter les passeports des voyageurs, et nul ne peut en refuser l'exhibition lorsque l'officier, sous-officier, brigadier ou gendarme qui en fait la demande est revêtu de son uniforme et décline ses qualités.

Il est enjoint à la gendarmerie de se comporter, dans l'exécution de ce service, avec politesse, et de ne se permettre aucun acte qui puisse être qualifié de vexation ou d'abus de pouvoir.

Art. 288. L'exhibition des passeports est une mesure salutaire laissée à la prudence et au discernement de la gendarmerie et non une consigne absolue qu'il n'est pas permis de modifier ou d'interpréter.

Elle ne peut, sous le simple prétexte de visiter les passeports d'un individu, pénétrer dans la chambre où il est logé; elle doit attendre, pour faire cet examen, le moment de son départ ou de son stationnement dans la salle ouverte aux voyageurs si c'est une auberge ou une hôtellerie.

A moins de circonstances extraordinaires ou d'ordres spéciaux, les passeports des personnes voyageant en voiture particulière ne doivent être demandés que dans les auberges, hôtelleries et relais de poste.

Art. 289. Les signalements de malfaiteurs, voleurs, assassins, perturbateurs du repos public, évadés des prisons, ainsi que ceux d'autres personnes contre lesquelles il est intervenu des mandats d'arrêt, sont délivrés à la gendarmerie, qui, en cas d'arrestation de ces individus, les conduit, de brigade en brigade, jusqu'à la destination indiquée par lesdits signalements.

Les mandats de comparution, d'amener, de dépôt et d'arrêt doivent être signés par le magistrat ou l'officier de police qui les décerne et munis de son sceau; ils doivent être datés; le prévenu doit être nommé et désigné le plus clairement possible.

De plus, le mandat d'arrêt contient l'énonciation du fait pour lequel il est décerné et l'énonciation de la loi qui déclare que ce fait est un crime ou un délit.

Le mandat d'amener est un ordre transmis aux agents de la force publique d'amener un inculpé devant le magistrat mandant qui doit l'interroger.

Les gendarmes doivent arrêter l'individu contre qui le mandat a été délivré, l'inviter à les suivre, l'y contraindre même et employer la force au besoin. (Art. 99 et 100 du Code d'instruction criminelle.)

Art. 290. Pour faire la recherche des personnes signalées ou dont l'arrestation a été légalement ordonnée, les sous-officiers et gendarmes visitent les auberges, cabarets et autres maisons ouvertes au public; ils se font présenter, par les propriétaires ou locataires de ces établissements, leurs registres d'inscription des voyageurs, et ces registres ne peuvent leur être refusés.

S'ils remarquent des oublis ou négligences dans la tenue de ces registres, ils en dressent procès-verbal pour être remis au maire ou au commissaire de police.

Le refus d'exhibition de ces registres est puni conformément à l'article 475 du Code pénal.

Voir la loi des 19-22 juillet 1791, titre Ier, article 5, et les circulaires des 9 février 1887 et 26 août 1889.

Art. 291. La maison de chaque citoyen est un asile où la gendarmerie ne peut pénétrer sans se rendre coupable d'abus de pouvoir sauf les cas déterminés ci-après :

1° Pendant le jour, elle peut y entrer pour un motif formellement exprimé par une loi, ou en vertu d'un mandat spécial de perquisition décerné par l'autorité compétente;

2° Pendant la nuit, elle peut y pénétrer dans le cas d'incendie, d'inondation ou de réclamation venant de l'intérieur de la maison.

Dans tous les autres cas, elle doit prendre seulement, jusqu'à ce que le jour ait paru, les mesures indiquées aux articles suivants.

Le temps de nuit est ainsi réglé :

Du 1er octobre au 31 mars, depuis 6 heures du soir jusqu'à 6 heures du matin;

Du 1er avril au 30 septembre, depuis 9 heures du soir jusqu'à 4 heures du matin.

Art. 292. Hors le cas de flagrant délit défini par l'article 249, la gendarmerie ne peut s'introduire dans une maison malgré la volonté du maître.

Lorsqu'elle est chargée d'exécuter les notifications de jugements, elle doit toujours exhiber les extraits de mandats ou de jugements.

Art. 293. Lorsqu'il y a lieu de supposer qu'un individu déjà frappé d'un mandat d'arrestation ou prévenu d'un crime ou délit pour lequel il n'y aurait pas encore de mandat décerné s'est réfugié dans la maison d'un particulier, la gendarmerie peut seulement garder à vue cette maison ou l'investir, en attendant les ordres nécessaires pour y pénétrer, ou l'arrivée de l'autorité qui a le droit d'exiger l'ouverture de la maison pour y faire l'arrestation de l'individu réfugié.

Voir la circulaire ministérielle du 27 février 1860, relative à l'exercice du droit de perquisition.

Art. 294. Lorsque les sous-officiers, brigadiers et gendarmes arrêtent des individus en vertu des dispositions ci-dessus, ils sont tenus de les conduire aussitôt devant l'officier de police judiciaire le plus à proximité, et de lui faire le dépôt des armes, papiers, effets et autres pièces de conviction. Les articles 632 et suivants indiquent la responsabilité de la gendarmerie dans les diverses arrestations qu'elle est appelée à faire dans son service ordinaire et extraordinaire.

Voir la loi du 20 mai 1863 sur les flagrants délits à la suite de l'article 249 du présent décret.

Art. 295. La gendarmerie est chargée spécialement de protéger la libre circulation des subsistances et de saisir tous ceux qui s'y opposent par la violence.

En conséquence, elle se transporte sur les routes ou dans les communes dont elle a la surveillance, dès qu'elle apprend que des attroupements s'y sont formés dans le dessein d'empêcher cette libre circulation des grains, soit par l'appât du pillage, soit par tout autre motif.

Art. 296. Elle dissipe les rassemblements de toutes personnes s'opposant à l'exécution d'une loi, d'une contrainte, d'un jugement; elle réprime toute émeute populaire dirigée contre la sûreté des personnes, contre les autorités, contre la liberté absolue du commerce, des subsistances, contre celle du travail et de l'industrie; elle disperse tout attroupement armé ou non armé formé pour la délivrance des prisonniers et condamnés, pour l'invasion des propriétés publiques, pour le pillage et la dévastation des propriétés particulières.

L'attroupement est armé : 1° quand plusieurs des individus qui le composent sont porteurs d'armes apparentes ou cachées; 2° lorsqu'un seul de ces individus, porteur d'armes apparentes, n'est pas immédiatement expulsé de l'attroupement par ceux-là mêmes qui en font partie.

Voir le *Recueil de jurisprudence* au mot « Armes ».

Tout individu qui, soit dans les casernes ou autres établissements militaires, soit sur les terrains de manœuvre et autres lieux de réunion d'une troupe en service, sera surpris en flagrant délit de provocation à l'indiscipline par l'un des moyens prévus aux articles 23 et 25 de la loi du 12 décembre 1893 qui augmente les pénalités édictées par la loi du 29 juillet 1881, c'est-à-dire par discours, cris ou menaces proférés dans des lieux ou réunions publics, écrits, imprimés vendus ou distribués, mis en vente ou exposés dans les lieux ou réunions publics; placards, affiches exposés au regard du public, sera immédiatement appréhendé et remis à la gendarmerie pour être conduit au procureur de la République, comme le prescrit l'article 1er de la loi du 20 mai 1863. (Circ. minist. du 8 février 1894.)

Art. 297. Les sous-officiers, brigadiers et gendarmes ne peuvent, en l'absence de l'autorité judiciaire ou administrative, déployer la force des armes que dans les deux cas suivants : le premier, si des violences ou voies de fait sont exercées contre eux ; le second, s'ils ne peuvent défendre autrement le terrain qu'ils occupent, les postes ou les personnes qui leur sont confiés, ou enfin si la résistance est telle qu'elle ne puisse être vaincue autrement que par la force des armes.

Voir les articles 71 et 169 du décret du 4 octobre 1891 sur le service des places.

Voir la circulaire ministérielle du 30 novembre 1853.

Pour constituer une rébellion, il faut que la résistance ait été accompagnée de violence ou voies de fait. (Cassation, 2 juillet 1835.)

Il n'est pas nécessaire, pour qu'il y ait rébellion, que des coups aient été portés.

Ce délit peut résulter de tout acte de violence dont le but serait d'empêcher l'agent de l'autorité d'accomplir la mission dont il est chargé. (Cassation, 3 avril 1847 - 30 août 1849.)

Ainsi, il y a rébellion de la part de celui qui met en joue, avec un fusil, un gendarme, en menaçant de faire feu (Cassation, 24 octobre 1806 - 16 mai 1817), ou qui s'arme d'un fusil et le couche en joue. (Cassation, 30 août 1849.)

Il y a rébellion de la part de celui qui oppose une résistance opiniâtre aux gendarmes en se jetant sur eux, les prenant au collet et cherchant à les désarmer. (Cassation, 19 décembre 1806.)

Voir l'article 638 du présent décret et le *Recueil de jurisprudence* au mot « Rébellion ».

Art. 298. Lorsqu'une émeute populaire prend un caractère et un accroissement tels que la gendarmerie, après une intervention énergique, se trouve impuissante pour vaincre la résistance par la force des armes, elle dresse un procès-verbal, dans lequel elle signale les chefs et fauteurs de la sédition ; elle prévient immédiatement l'autorité locale, ainsi que le commandant de la compagnie ou de l'arrondissement, afin d'obtenir des renforts des brigades voisines et, suivant le cas, de la troupe.

Art. 299. Dans aucun cas, les brigades ne doivent quitter le terrain ni rentrer à leur résidence avant que l'ordre ne soit parfaitement rétabli. Elles doivent se rappeler que force doit toujours rester à la loi. Le procès-verbal qu'elles rédigent contient le détail circonstancié des faits qui ont précédé, accompagné ou suivi la formation de ces attroupements.

Quant aux prisonniers qu'elles ont faits, et dont elles ne doivent se dessaisir à aucun prix, ils sont immédiatement conduits, sous bonne escorte, devant le procureur de la République.

Art. 300. Elles saisissent tous ceux qui portent atteinte à la tranquillité publique, en troublant les citoyens dans l'exercice de leur culte, ainsi que ceux qui sont trouvés exerçant des voies de fait ou des violences contre les personnes.

Art. 301. Tout individu qui outrage les militaires de la gendarmerie dans l'exercice de leurs fonctions, ou qui leur fait la déclaration mensongère d'un délit qui n'a pas été commis, est immédiatement arrêté et conduit devant l'officier de police de l'arrondissement, pour être jugé et puni suivant la rigueur des lois.

Le caractère délictueux de l'outrage envers les dépositaires de l'autorité ou de la force publique dans l'exercice de leurs fonctions n'est pas subordonné à la valeur légale des actes qu'ils accomplissent. Alors même que l'irrégularité de ces actes permettrait d'en demander l'annulation ou la réparation, elle ne saurait jamais excuser ni autoriser l'outrage qui est dirigé contre le fonctionnaire au moment où il représente l'autorité publique. (Cassation, 30 décembre 1892.)

Art. 302. La gendarmerie surveille le colportage des livres, gravures et lithographies; elle réprime la contrebande en matière de douanes et de contributions indirectes et saisit les marchandises transportées en fraude; elle dresse des procès-verbaux de ces saisies, arrête et conduit devant les autorités compétentes les contrebandiers et autres délinquants de ce genre, en précisant les lieux où l'arrestation a été faite, les moyens employés et la résistance qu'il a fallu vaincre.

Le colportage et la vente sur la voie publique sont réglés par les articles 18 à 22 de la loi du 29 juillet 1881.

Les journaux et tous les écrits et imprimés distribués ou vendus dans les rues ou lieux publics ne peuvent être annoncés que par leur titre, leur prix, l'indication de leur opinion et les noms de leurs auteurs ou rédacteurs. (Loi du 19 mars 1889.)

Les sous-officiers, brigadiers et gendarmes ne doivent pas être détournés de l'accomplissement de leurs obligations pour être employés d'une manière spéciale à la recherche des contraventions aux lois sur la circulation des boissons. (Circ. du 13 mai 1872.)

Pour la répression de la contrebande en matière de douanes, etc., voir *Droits et obligations de la gendarmerie en matière de douanes et de contributions indirectes,* à la librairie Lavauzelle.

Art. 303. Elle est autorisée à faire directement, ou en prêtant main-forte aux inspecteurs, directeurs et employés des postes, des visites et perquisitions sur les messagers et commissionnaires allant habituellement d'une ville à une autre ville, sur les voitures de messageries et autres de cette espèce portant les dépêches, et à saisir tous les objets transportés en fraude au préjudice des droits de l'administration des postes.

Art. 304. Afin de ne pas retarder la marche de celles de ces voitures qui transportent des voyageurs, les visites et perquisitions n'ont habituellement lieu qu'à l'entrée ou à la sortie des villes ou aux relais.

Art. 305. Il n'est fait de visite sur les routes qu'autant qu'un ordre de l'administration des postes le prescrit.

Art. 306. Toutes visites et perquisitions doivent, quand bien même elles ne sont suivies d'aucune saisie, être constatées par un procès-verbal conforme au modèle adopté par l'administration.

Lorsque ce procès-verbal ne donne lieu à aucune poursuite devant les tribunaux, il n'a pas besoin d'être timbré ni enregistré; il en est donné copie au particulier qui a été soumis à la visite, s'il le requiert.

Art. 307. Si les visites ou perquisitions ont fait découvrir des lettres ou journaux transportés en fraude, le procès-verbal, dressé à l'instant de la saisie, doit contenir l'énumération de ces lettres ou journaux, reproduire l'adresse de ces objets et mentionner, autant que possible, le poids de chaque lettre.

Deux expéditions de ce procès-verbal et les lettres saisies sont transmises par les capteurs au directeur du bureau de poste le plus voisin, lequel est chargé des poursuites. (Règl. du 12 avril 1893, art. 207.)

Art. 308. Les procès-verbaux de saisie doivent être visés pour timbre et enregistrés dans les quatre jours qui suivent la saisie. Ces formalités s'accomplissent soit dans le lieu de la résidence des gendarmes qui ont procédé aux saisies, soit dans le lieu même où le procès-verbal a été dressé. Le procès-verbal, avec les objets saisis, est remis au directeur des postes, qui acquitte les frais de timbre et d'enregistrement.

Art. 309. La gendarmerie ne peut, dans l'intérêt de l'administration des postes, faire des perquisitions sur des voyageurs étrangers au service des postes et n'exerçant pas l'une des professions spécifiées à l'article 303. La saisie opérée sur eux dans cet intérêt est nulle.

Art. 310. Le voiturier trouvé porteur de lettres cachetées contenues dans des boîtes fermées ne peut être excusé de la contravention, sous prétexte que les lettres avaient été renfermées dans ces boîtes à son insu, la bonne foi n'étant pas admissible comme excuse aux contraventions à l'arrêté du 27 prairial an IX.

Art. 311. Tout commissionnaire ou messager portant une lettre décachetée qui n'est pas exclusivement relative aux commissions dont il est chargé est passible des peines portées par la loi, en vertu des articles 1er, 2 et 5 de l'arrêté du 27 prairial an IX; la gendarmerie doit donc verbaliser contre lui et faire saisie de la lettre pour la remettre au directeur des postes.

Art. 312. Les lettres et papiers uniquement relatifs au service personnel des entrepreneurs de voitures, ne peuvent être saisis par la gendarmerie, qui ne dresse procès-verbal de contravention que lorsqu'elles sont fermées et cachetées, alors même qu'elles seraient en effet relatives à ce service.

Pour toutes les contraventions de cette nature, voir le *Recueil de jurisprudence*, prix 3 francs, au mot « Poste », et le *Manuel sur le service des postes et des franchises,* prix 2 francs, édités par la maison Henri Charles-Lavauzelle.

SECTION II.

POLICE DES ROUTES ET DES CAMPAGNES.

Art. 313. Un des devoirs principaux de la gendarmerie est de faire la police sur les grandes routes et d'y maintenir la liberté des communications ; à cet effet, elle dresse des procès-verbaux de contraventions en matière de grande voirie, telles qu'anticipations, dépôts de fumiers ou d'autres objets, et constate toute espèce de détériorations commises sur les grandes routes, sur les arbres qui les bordent, sur les fossés, ouvrages d'art et matériaux destinés à leur entretien ; elle dénonce à l'autorité compétente les auteurs de ces délits ou contraventions.

Elle dresse également des procès-verbaux de contravention, en matière de grande voirie, contre quiconque, par imprudence ou involontairement, a dégradé ou détérioré, de quelque manière que ce soit, les appareils de lignes de télégraphie électrique ou les machines des télégraphes aériens.

Art. 314. Elle surveille l'exécution des règlements sur la police des fleuves et des rivières navigables ou flottables, des bacs et bateaux de passage, des canaux de navigation ou d'irrigation, des dessèchements généraux ou particuliers, des plantations pour la fixation des dunes des ports maritimes de commerce ; elle dresse des procès-verbaux de contravention à ces règlements et en fait connaître les auteurs aux autorités compétentes.

Voir l'article 330 du présent décret.

Art. 315. Elle arrête tous ceux qui sont surpris coupant ou dégradant d'une manière quelconque les arbres plantés sur les chemins, promenades publiques, fortifications et ouvrages extérieurs des places, ou détériorant les monuments qui s'y trouvent.

Elle saisit et conduit immédiatement devant l'officier de police de l'arrondissement quiconque est surpris détruisant ou déplaçant les rails d'un chemin de fer, ou déposant sur la voie des matériaux ou autres objets, dans le but d'entraver la circulation, ainsi que ceux qui, par la rupture des fils, par la dégradation des appareils, ou par tout autre moyen, tentent d'intercepter les communications ou la correspondance télégraphique.

La gendarmerie doit signaler aux préfets et aux officiers du génie les travaux que les particuliers font dans les zones frontières si ces travaux sont de nature à influer sur la défense du territoire. (Circ. du 10 août 1854.)

Les sous-officiers, brigadiers et gendarmes n'ont pas qualité pour verbaliser en matière de crimes, délits ou contraventions commis sur les chemins de fer; ce droit n'appartient qu'aux officiers de police judiciaire et à divers agents civils. Mais ces militaires ne sont pas moins tenus de rendre compte de ces faits, lorsqu'ils se produisent, par des rapports et non par des procès-verbaux. (Circ. du 1er octobre 1859.) Voir art. 652 du présent décret.

Voir le *Dictionnaire* Amade-Corsin aux mots « Zone » et « Chemin de fer ».

Art. 316. Elle dresse des procès-verbaux contre ceux qui commettent des contraventions de petite voirie dans les rues, places, quais et promenades publiques, hors du passage des grandes routes et de leur prolongement, sur les chemins vicinaux, ainsi que les canaux ou ruisseaux flottables appartenant aux communes.

Art. 317. Elle dresse des procès-verbaux contre les propriétaires de voitures et les entrepreneurs de messageries publiques qui sont en contravention aux lois et règlements d'administration sur la police du roulage.

Art. 318. Elle contraint les voituriers, charretiers et tous conducteurs de voiture de se tenir à côté de leurs chevaux pour les diriger; en cas de résistance, elle arrête ceux qui obstruent les passages et les conduit devant le maire ou l'adjoint du lieu. Elle constate les contraventions par procès-verbal.

Art. 319. Elle arrête tous individus qui, par imprudence, par négligence, par la rapidité de leurs chevaux, ou de toute autre manière, ont blessé quelqu'un ou commis quelques dégâts sur les routes, dans les rues ou voies publiques.

Art. 320. Elle dresse procès-verbal contre ceux qui exercent publiquement et abusivement de mauvais traitements envers les animaux domestiques.

Elle transmet ce procès-verbal au maire ou au commissaire de police chargé de la poursuite, et elle doit avoir soin d'indiquer s'il y a récidive, parce que, dans ce cas, la peine de la prison est toujours appliquée.

Le fait de tasser des veaux dans une charrette, de les lier par les pattes et de les suspendre la tête en bas, constitue une contravention à la loi du 2 juillet 1850. (Cassation du 13 août 1858.) Voir la circulaire du 9 septembre 1859 et le *Recueil de jurisprudence* au mot « Animaux ».

Art. 321. Elle veille à ce que les conducteurs d'animaux féroces suivent les grands chemins, sans jamais s'en écarter; elle leur défend d'aller dans les bourgs et hameaux, d'entrer dans les bois et de se trouver sur les routes avant le lever ou après le coucher du soleil; elle évite que tout danger puisse exister pour la sécurité publique.

En cas de désobéissance, elle les conduit devant le maire de la commune la plus voisine.

Art. 322. La gendarmerie est chargée de protéger l'agriculture et de saisir tous individus commettant des dégâts dans les champs et les bois, dégradant la clôture des murs, haies ou fossés, lors même que ces délits ne seraient pas accompagnés de vols ; de saisir pareillement tous ceux qui sont surpris commettant des larcins de fruits ou d'autres productions d'un terrain cultivé.

Art. 323. Elle fait enlever, pour les remettre à l'autorité locale, les coutres de charrue, pinces, barres, barreaux, instruments aratoires, échelles ou autres objets dont peuvent abuser les malfaiteurs, et qui ont été laissés dans les rues, chemins, places, lieux publics, ou sont dans les champs ; elle dénonce ceux à qui ils appartiennent, afin qu'ils soient poursuivis par les autorités compétentes.

Art. 324. Il est expressément ordonné à la gendarmerie, dans ses tournées, courses ou patrouilles, de porter la plus grande attention sur ce qui peut être nuisible à la salubrité, afin de prévenir, autant que possible, les ravages de maladies contagieuses ; elle est tenue, à cet effet, de surveiller l'exécution des mesures de police prescrites par les règlements et de dresser procès-verbal des contraventions pour que les poursuites soient exercées par qui de droit contre les délinquants.

Art. 325. Lorsqu'elle trouve des animaux morts sur les chemins ou dans les champs, elle en prévient les autorités locales et les requiert de les faire enfouir ; elle se porte, au besoin, de nouveau sur les lieux pour s'assurer que les ordres donnés à cet égard par les autorités ont été exécutés ; en cas de refus ou de négligence, les chefs de la gendarmerie, sur le rapport du commandant de brigade, en informent les préfets ou sous-préfets, afin qu'il soit pris des mesures à cet égard.

Art. 326. Les mêmes précautions sont prises par la gendarmerie dans les cantons où des épizooties se sont manifestées ; elle veille, de plus, à ce que les animaux atteints et morts de cette maladie, ainsi que les chevaux morveux qui ont été abattus, soient enfouis avec leur cuir, pour prévenir et arrêter les effets des maladies contagieuses.

Pour les épizooties, voir la loi du 21 juillet 1881 et le décret du 22 juin 1882, portant réglementation sur la police sanitaire des animaux. Les chefs de brigade devront se reporter, en outre, aux arrêtés préfectoraux organisant ce service dans les départements.

L'autorité militaire doit donner avis à l'administration préfectorale des épizooties qui se déclarent parmi les chevaux appartenant à l'armée. (Circ. minist. du 18 novembre 1886.)

Art. 327. Elle dénonce à l'autorité locale tous ceux qui, dans les temps prescrits, ont négligé d'écheniller, ainsi que ceux qui sont en contravention aux règlements de police rurale donnés par les préfets, sous-préfets et maires des communes dont ils ont la surveillance.

Art. 328. La gendarmerie dresse procès-verbal contre tous individus trouvés en contravention aux lois et règlements sur la chasse; elle saisit les filets, engins et autres instruments de chasse prohibés par la loi, ainsi que les armes abandonnées par les délinquants, et réprime la mise en vente, la vente, l'achat, le transport et le colportage du gibier pendant le temps où la chasse est interdite.

Une circulaire du 27 février 1860 recommande à la gendarmerie, dans l'intérêt de la considération de l'arme, de ne pas faire sa principale occupation de la recherche des délits de chasse, et d'apporter le même zèle pour la constatation des autres délits non rémunérés.

Les sous-préfets délivrent des permis de chasse. (Décret du 13 avril 1861.) Voir la loi sur la police de la chasse, édition Henri Charles-Lavauzelle, annotée par M. Bertrand, procureur de la République.

La gendarmerie doit recevoir communication des listes des permis de chasse délivrés. (Circ. du Ministre de l'intérieur du 5 août 1887.)

Art. 329. Il lui est expressément défendu de désarmer un chasseur; elle doit seulement lui déclarer saisie de son arme, dont elle précise le signalement, en l'en constituant dépositaire pour la représenter en justice; mais elle doit arrêter ceux qui font résistance, lui adressent des menaces, qui refusent de se faire connaître lorsque l'exhibition de leurs papiers leur est demandée, ceux qui donnent de faux noms, et enfin tous ceux qui sont masqués ou qui chassent pendant la nuit.

L'article 25 de la loi du 3 mai 1844 sur la police de la chasse ne fait pas mention de l'arrestation des individus qui chassent la nuit.

Le port de la carabine est obligatoire non seulement lorsque les gendarmes sont appelés, par suite de circonstances particulières, à marcher spécialement pour réprimer le braconnage, mais encore lorsque accidentellement, dans leurs tournées, ils ont à parcourir des terrains ou à traverser des bois habituellement fréquentés par des braconniers, ou à rechercher des braconniers placés sous le coup de mandats de justice. (Note minist. du 18 mai 1896.)

Art. 330. Elle seconde les agents de l'administration dans la poursuite et la répression des délits forestiers et de pêche.

Voir la loi du 5 septembre 1897 sur la police de la pêche. Edition Henri Charles-Lavauzelle.

Les gendarmes ont le droit de constater les délits de pêche entre les limites de l'inscription maritime et les points où cesse la salure des eaux. (Décret du 27 novembre 1859.)

Art. 331. La gendarmerie doit toujours se tenir à portée des grands rassemblements d'hommes, tels que foires, marchés, fêtes et cérémonies publiques, pour y maintenir le bon ordre et la tranquillité; et, sur le soir, faire des patrouilles sur les routes et chemins qui y aboutissent, pour protéger le retour des particuliers et marchands.

Art. 332. Elle saisit ceux qui tiennent dans ces rassemblements des jeux de hasard et autres jeux défendus par les lois et règlements de police.

Art. 333. Elle surveille les mendiants, vagabonds et gens sans aveu parcourant les communes et les campagnes.

Elle arrête ceux qui ne sont pas connus de l'autorité locale et qui ne sont porteurs d'aucun papier constatant leur identité, mais surtout les mendiants valides, qui peuvent être saisis et conduits devant l'officier de police judiciaire, pour être statué à leur égard conformément aux lois sur la répression de la mendicité :

1° Lorsqu'ils mendient avec violences ou menaces;

2° Lorsqu'ils mendient avec armes;

3° Lorsqu'ils mendient nuitamment ou s'introduisent dans les maisons;

4° Lorsqu'ils mendient plusieurs ensemble;

5° Lorsqu'ils mendient avec de faux certificats ou faux passeports ou infirmités supposées, ou déguisement;

6° Lorsqu'ils mendient après avoir été repris de justice;

7° Et enfin lorsque d'habitude ils mendient hors du canton de leur domicile.

Art. 334. Lorsqu'on présume que, par suite d'une grande affluence à des assemblées publiques, l'ordre peut être menacé, le commandant de l'arrondissement, après s'être concerté avec le sous-préfet, ou sur sa réquisition, peut réunir et envoyer sur le lieu plusieurs brigades; il les commande lui-même si sa présence est jugée nécessaire, et il en est toujours ainsi dans les diverses circonstances où plusieurs brigades sont réunies pour un service de ville ou de campagne.

Les brigades ne rentrent à leur résidence que lorsque leur présence n'est plus jugée nécessaire, et elles se retirent assez lentement pour observer ce qui se passe et empêcher les rixes qui ont lieu fréquemment à la suite de ces assemblées.

Art. 335. En tout temps, les sous-officiers, brigadiers et gendarmes doivent faire des patrouilles et des embuscades de nuit pour protéger le commerce intérieur, en procurant la plus parfaite sécurité aux négociants, marchands, artisans, et à tous les individus que leur commerce, leur industrie et leurs affaires obligent à voyager.

SECTION III.

POLICE MILITAIRE.

Art. 336. Il est spécialement prescrit à toutes les brigades de gendarmerie de rechercher avec soin et d'arrêter, partout où ils sont rencontrés, les déserteurs et insoumis signalés, ainsi que les militaires qui sont en retard de rejoindre à l'expiration de leurs congés ou permissions.

Elle arrête également les militaires de l'armée de terre et de mer qui ne sont pas porteurs de feuilles de route, de congés en bonne forme ou d'une permission d'absence signée par l'autorité compétente.

Voir la circulaire du 2 janvier 1880 et les notes ministérielles des 17 juillet 1890 et 22 juillet 1892.

Voir le Code de justice militaire, articles 230 et suivants, et les articles 73 et suivants de la loi du 15 juillet 1889, pour les délais accordés aux insoumis.

Les insoumis doivent être rayés des contrôles de l'insoumission à l'âge de 53 ans (art. 4 de l'instr. du 4 septembre 1897); les déserteurs, à l'âge de 50 ans accomplis (art. 3 de l'instr. du 6 septembre 1897).

Art. 337. Sont qualifiés insoumis :

1° Tout jeune soldat appelé, au domicile duquel un ordre de route a été régulièrement notifié et qui, hors le cas de force majeure, n'est pas arrivé à sa destination au jour fixé par cet ordre, après un délai d'un mois en temps de paix et de deux jours en temps de guerre ;

2° Tout engagé volontaire qui, sans motif légitime, n'est pas arrivé à sa destination dans le délai fixé par sa feuille de route.

A l'égard des appelés, le délai d'un mois est porté :

1° A deux mois, s'ils demeurent en Algérie, en Tunisie ou en Europe ;

2° A six mois, s'ils demeurent dans tous autres pays.

En temps de guerre ou en cas de mobilisation par voie d'affiches et de publications sur la voie publique, les délais ci-dessus seront réduits de moitié (1).

Les ordres de route destinés aux appelés n'ayant pas rejoint lors de la mise en route doivent être notifiés dans les dix jours suivant le 16 novembre et porter convocation pour le 1er décembre, jour à compter duquel commenceront à courir les délais de grâce accordés par l'article 73 de la loi du 15 juillet 1889. En cas d'absence de l'appelé à son domicile, l'ordre de route devra, conformément à la lettre même dudit article 73, être notifié au maire de la commune dans laquelle l'intéressé a été inscrit sur les tableaux de recensement, à l'exclusion de toute autre personne. (Art. 6 de l'instr. du 4 septembre 1897.)

Art. 338. La gendarmerie rédige procès-verbal contre tout individu qui a sciemment recélé ou pris à son service la personne

---

(1) L'insoumission au point de vue des réserves et de l'armée territoriale est traitée dans l'instruction des 4 et 6 septembre 1897, à laquelle il y a lieu de se reporter pour les délais accordés, en temps de paix et en temps de guerre, aux hommes de la disponibilité et des différentes réserves. (V. les art. 6, 12, 22 et 25 de cette instruction.)

d'un déserteur ou insoumis, qui a favorisé son évasion, ou qui, par des manœuvres coupables, a empêché ou retardé son départ; ce procès-verbal est adressé à l'autorité judiciaire.

Art. 339. Le commandant de la brigade qui a arrêté, ou à qui on a remis un individu réputé déserteur le met en route pour être conduit, de brigade en brigade, au chef-lieu du département, devant le commandant de la gendarmerie.

Art. 340. Les déserteurs dont le corps est parfaitement connu, et qui sont arrêtés dans un lieu situé plus près de leur corps que du chef-lieu du département, sont conduits directement à leur corps; le commandant de la brigade qui en fait la remise en retire un récépissé au bas d'une expédition de son procès-verbal.

L'ordre de conduite ne doit être délivré que lorsqu'il y a certitude que l'individu appartient réellement au corps dont il s'est déclaré déserteur; en conséquence, il est maintenu en prison jusqu'à ce qu'on ait reçu du corps, auquel le fait est immédiatement signalé, des renseignements qui confirment l'exactitude de la déclaration.

(Art. 16 de l'instr. du 6 septembre 1897.)

Art. 341. Si le prévenu n'a pas été arrêté par la gendarmerie, le commandant de la brigade devant lequel il a été amené rédige, sur la déclaration et en présence du capteur, ainsi qu'en présence du détenu, le procès-verbal d'arrestation; si le capteur est dans l'intention de réclamer du préfet la gratification qui est accordée par la loi, il fait viser ce procès-verbal par le commandant de la gendarmerie du département.

Art. 342. Les signalements des militaires déclarés déserteurs sont envoyés au chef de la légion de gendarmerie dans l'arrondissement de laquelle se trouve le département où ils sont nés et où ils ont eu leur dernier domicile; ils sont transmis au commandant de la compagnie, qui les conserve dans ses archives, et qui en adresse des copies dans toutes les brigades par l'intermédiaire des commandants d'arrondissement.

Les signalements des insoumis sont adressés aux commandants de la compagnie de gendarmerie du département auquel ils appartiennent par les soins du commandant du dépôt de recrutement.

Les déserteurs doivent être signalés au moins une fois par an pour être recherchés par la gendarmerie, qui constate, par l'envoi au corps d'un simple bulletin, le résultat de ses investigations. (Décis. présid. du 6 décembre 1885.)

Art. 343. Les signalements des insoumis et des déserteurs doivent toujours être conservés avec le plus grand soin et les poursuites continuées jusqu'à ce que l'arrestation soit opérée ou jusqu'à l'arrivée du signalement n° 2, qui indique l'arrestation ou la présentation volontaire.

Les commandants de gendarmerie adressent aux chefs de corps et aux commandants de recrutement un bulletin annuel indiquant le résultat des recherches.

Les préfets donnent à tous les fonctionnaires et agents civils, et spécialement aux gardes champêtres et forestiers, l'ordre précis de se concerter avec la gendarmerie pour la recherche et l'arrestation des insoumis et de lui transmettre tous les renseignements clairs qu'ils peuvent se procurer sur le lieu de leur retraite.

Les maires doivent seconder avec zèle les recherches de la gendarmerie et s'empresser de lui communiquer tous les renseignements et indices parvenus à leur connaissance sur le lieu présumé de la retraite des insoumis.

Les gendarmes doivent porter leur attention sur les étrangers qui viennent s'établir dans le ressort de leur circonscription et vérifier avec soin les papiers susceptibles d'établir l'identité des voyageurs qui, par leur âge, paraissent appartenir à l'armée active ou à l'armée territoriale. Ils peuvent également se faire présenter le livret indiquant la position militaire de l'homme et vérifier sa situation au point de vue des services accomplis. (Art. 36 de l'instr. du 4 septembre 1897.)

Afin d'aider la gendarmerie dans ses opérations, un bulletin modèle n° 3 est adressé chaque année par le chef de corps au commmandant de la compagnie ou des compagnies de gendarmerie à qui le signalement n° 1 a été envoyé au moment de la désertion. L'officier de gendarmerie prescrit et surveille les investigations nécessaires, et en inscrit le résultat sur le bulletin; puis il le renvoie au chef de corps, qui est ainsi successivement tenu au courant des mesures prises ou à prendre pour amener l'arrestation du déserteur. (Art. 14 de l'instr. du 6 septembre 1897.)

Art. 344. Les insoumis qui sont arrêtés dans la circonscription du bureau de recrutement auquel ils appartiennent sont conduits par la gendarmerie devant le commandant de ce bureau, qui, après avoir procédé à la reconnaissance de leur identité, les fait conduire, par la gendarmerie, au chef-lieu du corps d'armée dans lequel l'arrestation a eu lieu.

Les insoumis qui sont arrêtés ou se sont présentés volontairement dans une autre circonscription de recrutement que celle dont ils font partie sont conduits par la gendarmerie dans le chef-lieu du corps d'armée dans lequel l'arrestation ou la présentation volontaire a eu lieu.

(Art. 41 de l'instr. du 4 septembre 1897.)

Art. 345. Les brigades vérifient avec le plus grand soin les passeports des voyageurs qui, par leur âge, paraissent appartenir aux classes appelées.

Elles se concertent avec les maires, qui sont obligés de leur communiquer tous les renseignements et indices qu'ils ont recueillis sur le lieu présumé de la retraite des insoumis.

Art. 346. Dès qu'un commandant de la gendarmerie d'un département a appris qu'un insoumis est réfugié dans un autre département, il en prévient sur-le-champ le commandant de la gendarmerie de ce département, et lui transmet le signalement de cet insoumis.

Art. 347. Les gendarmes qui commettent, contre un déserteur ou insoumis, des violences criminelles sont justiciables des conseils de guerre pour le fait de ces violences.

Art. 348. La gendarmerie est chargée de faire rejoindre les sous-officiers et soldats absents de leur corps à l'expiration de leurs congés ou permissions.

Les militaires porteurs de ces congés ou permissions sont tenus de les faire viser au commandant de la brigade de gendarmerie dont dépend leur résidence, s'il n'y a pas de garnison.

Ils se présentent à la même autorité, la veille de leur départ pour rejoindre leur corps.

Le commandant de brigade en fait inscription sur le registre à ce destiné. Le visa de la gendarmerie n'est pas exigé pour les permissions dont la durée ne dépasse pas quatre jours.

Voir la note ministérielle du 26 mai 1891, qui prescrit que les militaires en permission dans le département de la Seine, demeurant hors Paris et porteurs d'une permission ne dépassant pas huit jours, font viser leur titre par le commandant d'armes ou le commandant de la brigade de gendarmerie de leur résidence.

Les hommes qui rentrent dans leurs foyers à un titre quelconque et ceux qui sont libérés du service actif sont tenus, dès leur arrivée à destination, de présenter leur feuille de route à la gendarmerie, qui y appose un visa. (Décis. présid. du 10 janvier 1879.)

Art. 349. Avant l'expiration de leurs congés, le commandant de brigade fait prévenir ces militaires qu'ils doivent rejoindre, et s'assure qu'ils se mettent en route de manière à arriver à leurs corps dans le délai prescrit par leur feuille de route.

Les militaires en congé ou permission sont inscrits sur les carnets de tournées de communes nº 12.

Ceux qui jouissent d'un congé de convalescence peuvent être rappelés en cas d'inconduite. (Note minist. du 2 juin 1891.)

Art. 350. Les officiers, sous-officiers et brigadiers de gendarmerie dans les communes où il n'existe aucun hôpital civil ou militaire, se rendent, sur l'ordre du général commandant la subdivision, au domicile des militaires en congé, autres que ceux de la gendarmerie, qui, par suite de maladie, ont besoin d'une prolongation à titre de convalescence, afin de constater qu'ils ne sont pas transportables à l'hôpital le plus voisin.

Il est du devoir de la gendarmerie de faire connaître aux intéressés que c'est au général commandant la subdivision de région qu'ils doivent s'adresser tout d'abord, en joignant à leur demande un certificat de médecin et une attestation du maire de la commune établissant l'impossibilité de leur déplacement.

Les officiers de gendarmerie ne sont déplacés que lorsqu'il s'agit de constater la position des officiers.

Un certificat du médecin ou une attestation du maire doit être joint à la demande. (Art. 36 du décret du 1er mars 1890.)

Art. 351. Les officiers de gendarmerie assistent, dans les communes de leur circonscription où il n'existe pas d'hôpital militaire, à la contre-visite des militaires pour lesquels les médecins des hôpitaux civils demandent des congés ou des prolongations de congé à titre de convalescence et ils visent les certificats de contre-visite.

La visite à domicile des jeunes gens qui sont dans l'impossibilité de se présenter devant le conseil de revision, est faite par un médecin militaire assisté d'un officier de gendarmerie, sur l'ordre du général commandant la subdivision de région.

Art. 352. La gendarmerie doit se porter en arrière et sur les flancs de tout corps de troupe en marche ; elle arrête les traînards, ainsi que ceux qui s'écartent de leur route, et les remet au commandant du corps, ainsi que ceux qui commettent des désordres soit dans les marches, soit dans les lieux de gîte ou de séjour.

La note ministérielle du 30 avril 1886 contient les dispositions à appliquer à l'égard des militaires en route isolément qui ont dissipé leur indemnité de route.

Art. 353. Elle veille à ce que les officiers, sous-officiers et soldats, voyageant en troupe ou isolément, ne surchargent pas les voitures qui leur sont données pour leur transport et celui des bagages, qu'ils n'excèdent ni ne surmènent les chevaux, qu'ils ne maltraitent pas les conducteurs, qu'ils ne menacent ni n'injurient les fonctionnaires publics, non plus que les préposés au service, qu'ils ne s'emparent, pour les ajouter aux voitures ou pour tout autre usage, d'aucun cheval travaillant dans la campagne ou passant sur la route.

Elle doit prévenir ces désordres et en signaler les auteurs aux commandants des corps ou détachements, qui sont chargés, sous leur responsabilité, de réprimer tous les excès et abus qui ont été commis.

Procès-verbal de ces faits doit être adressé immédiatement, par la voie hiérarchique, au commandant de la compagnie.

Voir la circulaire du 29 septembre 1888.

L'officier chargé de précéder un régiment en route est autorisé à se faire assister pour la reconnaissance des denrées fourragères, dans les gites où il existe des brigades de gendarmerie, par un sous-officier ou brigadier de ce corps. (Circ. minist. du 15 juillet 1856.)

Art. 354. Les officiers ou commandants de brigades ne peuvent recevoir des chefs de corps ou de détachements, en marche ou en garnison, aucun militaire pour être conduit sous l'escorte de la gendarmerie sans un ordre écrit du général commandant la subdivision de région.

Cependant, le commandant d'une troupe peut, dans les cas graves et sous sa responsabilité, adresser directement à la gendarmerie la réquisition écrite et motivée de recevoir un prévenu appartenant à cette troupe.

La gendarmerie ne peut refuser d'obéir à cette réquisition ni en discuter les motifs.

Les militaires qui sont prévenus de délits ou de crimes sont remis à la gendarmerie sur réquisition du chef de corps. Ils sont attachés, si cette mesure est nécessaire.

Dans les gîtes d'étapes où il existe des brigades de gendarmerie, le chef de brigade doit assister l'officier chargé de précéder le régiment dans la reconnaissance des denrées fourragères.

Dans les résidences traversées par les troupes, le chef de brigade ou, s'il est absent, le gendarme de planton se présente au chef des colonnes et se met à sa disposition.

Le service intérieur des corps de troupe fait une obligation à la gendarmerie de diriger sur les hôpitaux les hommes malades qui lui sont remis et de recevoir, s'il n'y pas de corps de troupe dans la localité, les chevaux éclopés.

(Voir la circ. minist. du 29 septembre 1888.)

Art. 355. Les sous-officiers, brigadiers et gendarmes se font présenter les feuilles de route des militaires marchant sans escorte ; à l'égard de ceux auxquels il est accordé des transports, ils s'assurent, par l'examen des feuilles de route et des mandats de fournitures dont les conducteurs de convoi doivent être porteurs, s'il n'a pas été donné ou reçu de l'argent en remplacement de ces fournitures.

Tout militaire auquel il a été accordé un transport en est privé s'il est rencontré faisant sa route à pied, sans être précédé ou suivi de près de la voiture ou du cheval destiné à son transport; à cet effet, le commandant de la brigade lui retire les mandats dont il se trouve porteur et annote sur la feuille de route qu'il doit être privé du convoi.

Ces mandats sont transmis aussitôt au commandant de la compagnie et adressés par lui au sous-intendant militaire qui les a délivrés.

Dans le cas où un militaire ayant droit au transport ne serait porteur d'aucun coupon, il est à présumer qu'il en a fait la vente au préposé des convois ; cette circonstance est mentionnée sur la feuille de route, et il en est rédigé un procès-verbal, qui est transmis par le commandant de la compagnie au sous-intendant militaire.

Voir le règlement du 27 février 1894 sur le service des convois militaires à l'intérieur.

Art. 356 à 365 (1).

CHAPITRE II.

DES RENCONTRES ET DES TRANSFÈREMENTS DE PRISONNIERS.

SECTION PREMIÈRE.

TRANSFÈREMENT DE PRISONNIERS CIVILS.

Art. 366. L'une des fonctions habituelles ordinaires des brigades de gendarmerie est de correspondre périodiquement entre elles, à des jours et sur des points déterminés par les chefs de l'arme.

Les points de rencontre sont toujours assignés autant que possible, à égale distance des brigades qui doivent s'y rendre et dans des lieux où les sous-officiers, brigadiers et gendarmes chargés de ce service peuvent trouver un abri momentané pour eux-mêmes et pour les individus confiés à leur garde, pendant le temps nécessaire à la remise des personnes et des objets.

Les dates, heures et points de jonction des brigades sont fixés par les commandants d'arrondissement de manière que le nombre des rencontres varie, pour chaque brigade, entre trois et six par mois.

Ces dates, heures et points de jonction sont changés, soit partiellement ou d'une manière successive, soit par des dispositions d'ensemble.

Il convient de choisir de préférence, autant que possible, les jours de foires, marchés, fêtes patronales et, en général, les circonstances qui, en attirant sur un point donné une plus grande affluence de personnes, peuvent rendre nécessaire la présence de la force publique, à ce point même ou sur les routes y conduisant.

Les prisonniers transférés en mer par les bâtiments du commerce doivent être accompagnés des gendarmes d'escorte jusqu'au lieu de destina-

---

(1) Les articles 356 à 365 (supprimés) étaient relatifs aux obligations de la gendarmerie à l'égard des hommes des différentes réserves ; remplacés par l'instruction sur l'administration de ces hommes dans leurs foyers.

tion; mais, lorsqu'il s'agit de bâtiments de l'Etat, ces prisonniers sont remis à la garde du commandant du bord, qui est chargé de les déposer en mains sûres au lieu de débarquement. (Circ. minist. du 12 octobre 1871.)

La gendarmerie étant responsable des évasions, c'est elle qui règle le nombre d'hommes d'escorte pour le transfèrement des prisonniers. (Circ. du 19 novembre 1855). En ce qui concerne les jeunes détenus, voir la circulaire du 14 mars 1855.

Voir les annotations de l'article 632 du présent décret au sujet du transfèrement des aliénés, qui ne doit pas être demandé à la gendarmerie.

Art. 367. Ces rencontres périodiques ont essentiellement pour objet le transfèrement des prisonniers de brigade en brigade et la remise des pièces qui les concernent.

Elles ont également pour objet, de la part des sous-officiers et gendarmes qui s'y rendent, de se communiquer réciproquement les renseignements et avis qu'ils ont pu recevoir, dans l'intervalle d'une rencontre à l'autre, sur tout ce qui intéresse la tranquillité publique; de concerter leurs opérations relativement à la recherche des malveillants de toute espèce dont ils auront connaissance; de se remettre réciproquement les signalements des individus prévenus de crimes et délits, évadés de prison ou des établissements pénitentiaires, et enfin de s'éclairer mutuellement sur les moyens à prendre pour concourir à la répression de tout ce qui peut troubler l'ordre social.

A moins que le nombre, le volume ou le poids n'exigent le recours aux transports généraux de la guerre, les correspondances restent chargées de la transmission des objets de toute nature et des munitions de la gendarmerie en provenance ou à destination du chef-lieu d'arrondissement, sauf à utiliser les voitures à collier employées au transport des prisonniers voyageant sous escorte. (Art. 3 de l'instruction du 28 mai 1895 sur les transports ordinaires de la guerre.)

Art. 368. Toutes les fois qu'il s'agit de transférer des prévenus ou condamnés, de brigade en brigade, par tous moyens de transport ordinaire ou extraordinaire, les officiers de gendarmerie ont seuls le droit de donner les ordres de conduite. Dans les chefs-lieux de département, ce droit est dévolu aux commandants de compagnie; mais c'est à l'officier commandant l'arrondissement qu'il appartient de désigner et d'inscrire, en marge de ces ordres, le nombre des gendarmes et le nom du sous-officier, brigadier ou gendarme qui a le commandement de l'escorte, et qui est chargé de la conduite jusqu'à la station ordinaire de la brigade. Si les prisonniers sont de différents sexes, ils doivent être transférés séparément.

Voir les annotations de l'article 366 du présent décret et l'article 56 du règlement sur le service intérieur.

Art. 369. Si les prévenus ou condamnés sont transférés en exécution d'un ordre de l'autorité militaire, ou en vertu d'un mandat de justice, ou par l'effet d'une réquisition émanée de l'autorité administrative, une copie certifiée de l'ordre, du mandat ou de la réquisition doit toujours être jointe à l'ordre de transfèrement, en marge duquel est inscrit le bordereau des pièces qui doivent suivre les prévenus ou les condamnés; ces pièces sont cachetées et remises au commandant de l'escorte, qui en donne son reçu sur le carnet de correspondance dans les termes suivants :

Reçu l'ordre et les pièces y mentionnées.

Les signalements des prisonniers sont inscrits à la suite de l'ordre de transfèrement.

Art. 370. Les ordres de conduite ou feuilles de route des prévenus et condamnés doivent toujours être individuels, quel qu'en soit le nombre, afin que, dans le cas où l'un deux vient à tomber malade en route, il puisse être déposé dans un hôpital sans retarder la marche des autres.

Art. 371. Dans chaque lieu de gîte, les prévenus ou condamnés sont déposés à la maison d'arrêt.

En remettant ces prévenus ou condamnés au concierge, gardien ou geôlier, le commandant de l'escorte doit faire transcrire en sa présence, sur les registres de la geôle, les ordres dont il est porteur, ainsi que l'acte de remise des prisonniers au concierge de la maison d'arrêt ou de détention, en indiquant le lieu où ils doivent être conduits.

Le tout doit être signé, tant par les gendarmes que par le geôlier; celui-ci en délivre une copie au commandant de l'escorte pour sa décharge.

Tous les détenus doivent être fouillés à leur entrée dans la prison, chaque fois qu'ils sont extraits de la prison, menés à l'instruction ou à l'audience et ramenés à la prison. Ils peuvent être également fouillés, pendant le cours de leur détention, aussi souvent que le directeur ou le gardien-chef le juge nécessaire.

Les femmes ne peuvent être fouillées que par des personnes de leur sexe. (Décret du 16 novembre 1885.)

Art. 372. Dans le cas où il n'y a pas de maisons d'arrêt ou de détention dans le lieu de résidence d'une brigade, les prévenus ou condamnés sont déposés dans la chambre de sûreté de la caserne de gendarmerie; ils y sont gardés par la gendarmerie de la résidence jusqu'au départ du lendemain ou du jour fixé pour la correspondance; mais, si les prisonniers sont de différents sexes, les femmes sont remises à la garde de l'autorité locale, qui pourvoit à leur logement.

En cas de refus du maire de pourvoir à la subsistance des prisonniers déposés dans la chambre de sûreté, la gendarmerie, après l'avoir constaté par procès-verbal, est tenue de leur fournir les aliments déterminés par les règlements en vigueur, sauf remboursement par l'autorité administrative.

Généralement, les casernes de gendarmerie sont pourvues de deux chambres de sûreté : l'une pour les hommes, l'autre pour les femmes.

Les chambres de sûreté doivent être munies, conformément aux clauses du cahier des charges, de couvertures, de paillasses, d'objets nécessaires au balayage et au nettoyage. (Art. 34 à 49, règl. du 11 novembre 1885.)

Le blanchiment des chambres de sûreté incombe aux départements comme toutes celles concernant l'entretien et les réparations des casernes de gendarmerie dont les chambres de sûreté font partie. (Circ. du directeur de l'administration pénitentiaire du 27 mai 1893.)

Voir la circulaire très importante du Ministre de la guerre, en date du 7 juillet 1870, relative à la garde et à l'entretien des prisonniers conduits de brigade en brigade, dans les localités où il n'existe pas de maison d'arrêt.

Les directeurs de prison n'ont aucun ordre, ni même aucune instruction à donner aux commandants de brigade.

Les individus trouvés en état d'ivresse publique doivent être remis à l'autorité locale et non déposés à la chambre de sûreté. (Dép. du 3 juillet 1879.)

Art. 373. Les conduites extraordinaires ne doivent avoir lieu qu'en vertu d'ordres ministériels, réquisitions des magistrats des cours d'appel et sur les demandes particulières faites par les pères, mères, tuteurs ou conseils de famille; hors les cas ci-dessus, les conduites sont toujours faites de brigade en brigade.

Les prisonniers transférés par chemin de fer ne doivent pas être placés dans les salles d'attente. Un endroit spécial où ils peuvent séjourner avec l'escorte doit être désigné par le chef de gare, prévenu par la gendarmerie deux heures à l'avance. En cas de formation d'un train dans la gare, ils montent dans le wagon qui leur est destiné. (Circ. du 15 octobre 1880.)

Voir la circulaire du 23 février 1887, relative à la translation des prévenus ou accusés et aux frais d'escorte.

Les militaires d'escorte doivent être dans une tenue correcte et leur attention doit se concentrer sur leur prisonnier qui ne doit jamais être laissé avec un seul gendarme. (Circ. du 15 décembre 1878.)

Art. 374. Lorsque la translation par voie extraordinaire est ordonnée d'office ou demandée par le prévenu ou accusé, à cause de l'impossibilité où il se trouve de faire ou de continuer le voyage à pied, cette impossibilité est constatée par certificat de médecin.

A défaut de médecins et d'autorités locales, les chefs de brigade peuvent délivrer des bons de convois s'il est reconnu que le détenu est dans l'impossibilité de marcher. (Art. 10 du cahier des charges du 17 août 1874.)

Quand le transport en voiture est jugé nécessaire, la réquisition, en l'absence de tout service médical, doit être motivée. (Circ. minist. justice, 13 février 1887.)

Les militaires de la gendarmerie requis légalement pour les conduites extraordinaires jusqu'à destination, soit dans leur département, soit hors de ce département, doivent obtempérer à ces réquisitions sans attendre les ordres de leurs supérieurs ; dans ce cas, ils rendent compte immédiatement de ce service extraordinaire, du jour de leur départ et de celui de leur retour.

Art. 375. Les prévenus ou accusés qui peuvent faire les frais de leur transport et du retour de l'escorte sont conduits directement à leur destination, en se soumettant aux mesures de précaution que prescrit le magistrat qui a autorisé la translation.

La gendarmerie reste toujours responsable des évasions. Il lui appartiendra de prendre les mesures qu'elle jugera utiles pour prévenir toutes chances d'évasion.

Cependant, elle doit veiller à ce que les moyens employés, tels que de fixer les liens qui attachent les prisonniers à une partie quelconque du véhicule, ne les exposent pas à un danger réel si quelque accident survenait à l'attelage. (Circ. du 11 juin 1835.)

Dans les conduites ordinaires, les gendarmes d'escorte ne doivent pas prendre place à côté des prisonniers transférés en voiture, d'abord parce que la réquisition ou le bon de convoi ne s'applique qu'aux prisonniers, ensuite parce que cela ne conviendrait pas à la dignité de leur uniforme.

Le droit de prendre place à côté des détenus n'existe que pour les conduites extraordinaires en poste, par chemin de fer, ou lorsqu'un détenu paye les frais du transport.

Art. 376. Les conduites qui ont lieu jusqu'à destination (1), en vertu d'un ordre ministériel, donnent droit, si les gendarmes sor-

---

(1) Le trajet maximum à effectuer pour chaque escorte, du point de départ au point d'arrivée, est limité à 500 kilomètres.

Lorsqu'ils ont à requérir un transfèrement à une distance dépassant 500 kilomètres, les substituts doivent indiquer sur leurs réquisitions les points sur lesquels les gendarmes seront relevés, en choisissant, bien entendu, les localités pourvues de prison où les détenus pourront être gardés en attendant le départ de l'escorte chargée de continuer la conduite.

Si les points où un relèvement est possible ne coïncident pas d'une manière absolue avec un parcours de 500 kilomètres, les magistrats ont la latitude de désigner celui qui leur paraît le plus convenable, mais en se décidant de préférence, sauf exception commandée par les circonstances, pour les points situés à une distance plutôt inférieure que supérieure à 500 kilomètres.

Au point de vue administratif il est procédé de la manière suivante :

Arrivés au point de relèvement, les gendarmes remettent au parquet de la localité, avec un exemplaire de la réquisition, deux des trois exemplaires de leur mémoire et les deux duplicata des billets collectifs délivrés par le chemin de fer. Ils conservent le deuxième exemplaire de la réquisition, après y avoir fait apposer la mention de : *Vu arrivé*, et ils l'annexent au troisième exemplaire de leur mémoire qui, à leur retour, est rendu exécutoire par les magistrats du lieu de départ.

Le parquet du point de relèvement remet aux gendarmes chargés de continuer l'escorte la réquisition, les deux exemplaires du mémoire et les deux duplicata des billets de chemin de fer collectifs laissés entre ses mains par les premiers gendarmes. Il leur remet, en outre, deux réquisitions de transport, comme si le point de relèvement était un point de départ, mais en indiquant sur ces réquisitions le lieu d'où vient le détenu. Les gendarmes produisent à leur tour au parquet destinataire, non seulement les pièces remises par leurs prédécesseurs, mais encore celles qu'ils seraient tenus tent de leur département, à une indemnité fixée par les règlements d'administration.

Voir :

La circulaire du 9 décembre 1884 sur le service des frais de route ;

La note ministérielle du 12 décembre 1884, relative aux escortes extraordinaires de prisonniers et à l'allocation des indemnités dues pour ce service aux militaires de la gendarmerie ; une dépêche du Garde des sceaux, approuvée le 14 janvier 1885 par le Ministre de la guerre, au sujet des transfèrements extraordinaires opérés par plusieurs brigades avant d'arriver à destination ;

Une note ministérielle du 30 janvier 1885, relative au mode de décompte des indemnités acquises aux militaires de la gendarmerie appelés en témoignage devant les tribunaux civils.

Art. 377. Le commandant de l'escorte qui a effectué le dépôt des prisonniers confiés à sa garde remet l'ordre de transfèrement et les pièces au commandant de la brigade qui doit le relever. Celui-ci est tenu d'inscrire, sur le registre à ce destiné, les noms des prisonniers, le nombre des pièces qui lui ont été remises et le lieu où ils doivent être conduits ; il devient dès lors responsable du transfèrement.

L'inscription ci-dessus prescrite est toujours faite en présence du commandant de l'escorte qui a amené les prisonniers ; il signe sur le registre avec le commandant de la brigade.

Si, à défaut de maison d'arrêt ou de détention, les prévenus ou condamnés ont été déposés dans la chambre de sûreté d'une brigade, le commandant de l'escorte qui a effectué ce dépôt s'en fait donner un reçu sur la feuille de service dont il est porteur, ainsi que sur le carnet de correspondance.

Art. 378. Les mêmes dispositions ont lieu successivement dans toutes les brigades ; la dernière escorte, après la remise des prévenus ou condamnés à leur destination, se fait donner une décharge générale des prisonniers qu'elle a conduits et de toutes les pièces qui lui ont été confiées. A son retour à la résidence, le commandant de la dernière escorte fait mention de cette décharge sur son registre et la joint aux autres pièces qui concernent le service de la brigade, afin de pouvoir la présenter au besoin.

---

de présenter s'ils avaient commencé l'escorte. En un mot, le parquet du tribunal ou de la cour devant lequel le prévenu ou l'accusé comparaît, doit recevoir les pièces justificatives de toutes les dépenses faites depuis le point de départ de la première escorte jusqu'à destination, afin de pouvoir comprendre ces dépenses dans l'état de liquidation des dépens à recouvrer au profit du Trésor, s'il intervient une condamnation.

Voir aussi la circulaire du 16 juillet 1897, interprétative de celle du 5 février 1885 et relative aux mémoires qui, en cas de pluralité d'escortes, ne doivent pas être revêtus, à l'arrivée à destination, de l'exécutoire du président du tribunal saisi de l'affaire.

Art. 379. Lorsque les transports des prévenus ou condamnés se font par la correspondance des brigades, le commandant de l'escorte qui a été chargé de la conduite jusqu'au point de la réunion, après avoir fait vérifier par le commandant de la nouvelle escorte l'identité des individus confiés à sa garde et lui avoir remis toutes les pièces mentionnées dans l'ordre de transfèrement, se fait donner un reçu du tout sur la feuille de service et sur le carnet de correspondance.

Si le nombre des prisonniers amenés à la correspondance, ou si des circonstances particulières exigent un supplément de force, le commandant qui doit continuer l'escorte peut requérir, parmi les gendarmes présents, le nombre d'hommes nécessaires à la sûreté des prisonniers.

Art. 380. Les gendarmes chargés d'une conduite, qu'elle ait lieu par la correspondance, ou qu'elle soit continuée jusqu'à la station de la première brigade, doivent rentrer le même jour à la résidence, à moins d'empêchement résultant du service ou de la distance des lieux; dans aucun cas, ils ne peuvent outrepasser la résidence de cette première brigade sans un ordre positif du commandant de la compagnie.

Art. 381. Il est expressément recommandé aux gendarmes sous l'escorte desquels marchent des prévenus ou condamnés, civils ou militaires, d'empêcher qu'ils ne fassent un usage immodéré de vin, cidre et autres boissons enivrantes; ils doivent surtout leur interdire absolument l'usage des liqueurs spiritueuses. Ils peuvent aussi interdire l'emploi du tabac à fumer, lorsque cette précaution leur paraît nécessaire.

La fermeté et l'exactitude que la gendarmerie met à l'exécution de cet ordre, préviennent le retour de circonstances fâcheuses et ôtent aux prévenus l'occasion de nouvelles fautes, qui ne peuvent qu'aggraver leur position.

Ces dispositions sont mentionnées sur les ordres de conduite.

Art. 382. La mendicité étant un délit prévu par le Code pénal, et qui doit être réprimé partout où il se produit, la gendarmerie s'oppose, par tous les moyens en son pouvoir, à ce que les individus, civils ou militaires, confiés à sa garde sollicitent ou reçoivent des secours de la charité publique.

Les chefs d'escorte sont personnellement responsables des infractions qui peuvent être commises.

Art. 383. Les sous-officiers, brigadiers et gendarmes employés au service de conduite ou de correspondance qui ne ramènent pas de prisonniers ne reviennent pas par la même route; il leur est enjoint de se porter dans l'intérieur des terres, de visiter les hameaux, de fouiller les bois et les lieux suspects, et de prendre dans les fermes et maisons isolées toutes les informations qui peuvent leur être utiles.

Voir l'article 117 du règlement du 10 juillet 1889.

Art. 384. Les sous-officiers et gendarmes montés qui sont chargés de conduire des prévenus ou condamnés marchent toujours à cheval, dans une bonne tenue militaire et complètement armés; les sous-officiers, brigadiers et gendarmes à pied sont pareillement armés et équipés complètement. Dans le cas où les prisonniers doivent être conduits en voiture, en vertu d'ordres supérieurs, l'escorte prend place avec les prisonniers.

Voir les annotations de l'article 375 du présent décret.

Art. 385. Les prévenus ou condamnés sont généralement conduits à pied de brigade en brigade ou par les voies de fer; néanmoins, ils peuvent, si des circonstances extraordinaires l'exigent, être transférés, soit en voiture, soit à cheval, sur les réquisitions motivées des officiers de justice.

Quel que soit le nombre des prisonniers, ils sont placés dans un compartiment de 2e classe, jusqu'à concurrence de dix, y compris l'escorte, et complètement séparés du public. (Instr. du 5 mai 1865.)
Voir l'article 374 du présent décret.

Art. 386. Avant d'extraire des prisons les individus dont le transfèrement est ordonné de brigade en brigade, les sous-officiers, brigadiers et gendarmes s'assurent de leur identité et vérifient s'ils n'ont pas sur eux des objets tranchants ou quelque instrument qui puisse servir à favoriser leur évasion. Ces militaires exigent des prisonniers le dépôt de l'argent ou des valeurs qu'ils possèdent. Il en est fait mention sur les feuilles de route, et ces objets sont restitués par la gendarmerie à l'arrivée à destination.

La circulaire du 25 septembre 1866 rappelle à la stricte exécution des articles 275 et 386, et prescrit de ne pas négliger de fouiller les individus arrêtés ou détenus, afin de s'assurer qu'ils n'ont rien sur eux pouvant favoriser leur évasion. (Circ. du 25 septembre 1866.)
Se reporter à l'article 371 du présent décret.

Art. 387. Pendant le trajet, les gendarmes ne doivent pas perdre de vue un seul des mouvements des prisonniers; ils doivent observer s'ils ne tentent pas de s'évader par ruse; ils les surveillent de très près, surtout dans les passages qui peuvent favoriser leur évasion, tels que bois, ravins, fossés, rivières, chemins encaissés, montagnes ou autres lieux accidentés dont le site rendrait la poursuite difficile, et lorsqu'il y a affluence de monde sur la route qu'ils ont à parcourir.

Art. 388. Si un prisonnier tombe malade ou arrive malade dans une résidence de brigade où il n'y a ni prison ni hôpital, il reste déposé dans la chambre de sûreté de la caserne; les secours nécessaires lui sont administrés par les soins du maire ou de l'adjoint, mais jusqu'au moment seulement où il peut être transféré sans danger dans la maison de détention ou dans l'hôpital le plus à proximité.

Art. 389. Si le prisonnier meurt entre les mains des gendarmes de l'escorte, ou à la chambre de sûreté, ils doivent en prévenir immédiatement le maire de la commune dans laquelle ce prisonnier est décédé, et l'inviter à faire procéder à son inhumation, après les délais voulus par la loi; ils signent l'acte de décès, dont ils se font délivrer une copie, et la joignent au procès-verbal qu'ils dressent pour constater cet événement; ils y joignent également l'ordre de conduite et les pièces concernant le prisonnier; ils font l'envoi du tout au commandant de l'arrondissement, lequel se conforme à ce qui est prescrit ci-après pour les prisonniers morts dans les hôpitaux civils ou militaires.

Art. 390. Lorsqu'un prévenu ou condamné conduit à pied par la gendarmerie tombe malade en route, le maire ou l'adjoint du lieu le plus voisin, sur la réquisition des sous-officiers, brigadiers ou gendarmes chargés de la conduite, est tenu de pourvoir aux moyens de transport jusqu'à la résidence de la brigade, la maison de détention ou l'hôpital le plus à proximité dans la direction de la conduite du prisonnier. Si c'est une maison de détention, le prisonnier y est placé à l'infirmerie et remis à la garde du concierge, qui en donne reçu; si c'est un hôpital civil, il y est soigné dans un lieu sûr, sous la surveillance des autorités locales.

Dans ce cas, les papiers, objets et pièces de conviction, s'il y en a, restent entre les mains du commandant de la gendarmerie du canton; et, après le rétablissement de ce prisonnier, ils sont joints à l'ordre de conduite, avec un certificat constatant l'entrée et la sortie de l'hôpital, ou les motifs du séjour prolongé, soit dans la maison de détention, soit dans la chambre de sûreté de la caserne.

Les commandants de brigade doivent veiller à ce que les prisonniers entrés aux hôpitaux civils n'y restent pas au delà du temps nécessaire pour leur rétablissement.

Cet article est également applicable au cas où le prévenu ou condamné refuse de marcher.

Art. 391. Si les pièces jointes à l'ordre de transfèrement concernent plusieurs individus dont l'un est resté malade en route, la conduite de ceux qui sont en état de marcher n'est pas interrompue, et les pièces ne sont pas retenues; il est fait mention, sur l'ordre de transfèrement qui suit les autres prisonniers, des causes qui ont fait suspendre la translation de l'un ou de quelques-uns d'entre eux.

Art. 392. En cas d'évasion d'un prévenu ou condamné déposé à l'infirmerie d'une maison de détention ou soigné dans un hôpital, le commandant de la brigade de gendarmerie, au premier avis qu'il en reçoit, le fait rechercher et poursuivre ; il se rend au lieu de l'évasion pour reconnaître s'il y a eu connivence ou seulement défaut de surveillance de la part des gardiens ; il rédige le procès-verbal de ses recherches, et l'adresse sur-le-champ, avec les autres pièces qui concernent l'évadé, au commandant de l'arrondissement : celui-ci les transmet au commandant de la compagnie, qui en rend compte à l'autorité compétente.

Art. 393. En cas de mort dans les hôpitaux civils d'un prévenu ou condamné, le commandant de la brigade se fait délivrer une expédition de l'acte de décès pour être réunie aux autres pièces qui peuvent concerner le décédé, et il fait l'envoi du tout, dans les vingt-quatre heures, au commandant de la gendarmerie de l'arrondissement ; cet officier transmet ces pièces au commandant de la compagnie.

Art. 394. Le commandant de la compagnie, après avoir rassemblé toutes les pièces relatives au prisonnier décédé, les fait parvenir, sans délai, au Ministre de l'intérieur, si le prisonnier était condamné aux travaux forcés, à la réclusion ou à l'emprisonnement pour plus d'un an.

Si le prisonnier était simplement prévenu d'un délit de la compétence des cours d'appel ou des tribunaux de première instance, il les adresse à l'officier de police judiciaire qui a décerné le mandat d'amener, de dépôt, d'arrêt, ou qui a requis le transfèrement, et, si c'était un condamné, au procureur de la République près la cour ou le tribunal qui a prononcé la condamnation.

Il est également donné connaissance de l'évasion ou du décès d'un prisonnier à l'autorité devant laquelle il devait être conduit.

SECTION II.

TRANSFÈREMENT DES PRISONNIERS MILITAIRES.

Art. 395. Il est défendu à la gendarmerie d'escorter des prisonniers militaires marchant isolément ou en détachement s'ils ne sont pas munis de feuilles de route individuelles portant indication des fournitures qu'ils doivent recevoir en route.

En conséquence, toutes les fois que les commandants de brigade ont à faire de ces sortes d'escortes, le sous-intendant militaire, ou, à son défaut, le fonctionnaire le suppléant du lieu de départ, doit préalablement délivrer aux militaires des feuilles de route portant les indications ci-dessus.

Le signalement de ces militaires doit toujours être inscrit sur leur feuille de route.

Lorsque les militaires condamnés sont transférés, l'ordre de conduite doit être accompagné d'un extrait de jugement conforme aux articles 3 et 4 du règlement du 23 juillet 1856 sur les établissements pénitentiaires.

Les militaires sortant de prison et rejoignant leur corps sont conduits sous l'escorte de la gendarmerie jusqu'à la gare de départ. (Voir, pour les mesures à prendre à ce sujet, la circulaire ministérielle du 16 juillet 1861.)

Voir les circulaires des 7 et 29 juin 1861 au sujet des militaires escortés. Le transport par chemin de fer doit être opéré toutes les fois qu'il est possible d'y avoir recours. Aucun homme n'est mis en route sans avoir été visité par un médecin et reconnu apte à supporter le voyage. (Art. 1er du règlement du 23 juillet 1856.)

Pour les dispositions concernant les prisonniers militaires dirigés sur Paris, voir les circulaires des 8 juillet 1875 et 19 novembre 1878.

Voir aussi l'article 56 du règlement du 10 juillet 1897.

Les détenus militaires sont transférés en 3e classe et il ne peut être réservé, dans le même train et sur un même parcours, plus de deux compartiments de 3e classe fermés et à deux banquettes pour les détenus et leurs gardiens.

Si l'embarquement doit avoir lieu dans une gare de formation de trains de voyageurs, avis du transport est donné à cette gare vingt-quatre heures à l'avance; lorsque l'embarquement a lieu dans toute autre gare, ce délai est porté à quarante-huit heures. (Instruction du 26 janvier 1895, complétée par celle du 18 août 1897, en ce qui concerne les transports, en Algérie, de prisonniers militaires ou civils, ou seulement civils.

Les militaires voyageant sous escorte de la gendarmerie doivent, en principe, être transportés en compartiments de 3e classe fermés, la 2e classe ne devant être employée que lorsque les deux compartiments de 3e classe réservés au transport de détenus dans le même train et sur le même parcours sont occupés

On doit indiquer l'emploi de la 3e classe sur les bons de chemin de fer ou réquisitions en tenant lieu, sauf au commandant de l'escorte à inscrire une mention explicative au verso du bon, dans le cas où le transport aurait dû être effectué en 2e classe. (Instruction du 26 janvier 1895.)

Dans un but d'économie et afin de simplifier le mode de transport par voies de fer des militaires envoyés sous escorte en Algérie, le Ministre a décidé, le 25 juillet 1893, qu'il serait créé, pour cet usage, des envois périodiques circulant sur les grandes lignes et aboutissant, selon le cas, à Marseille et à Port-Vendres. Cette circulaire trace les itinéraires et détermine le nombre de gendarmes d'escorte.

(V. les notes ministérielles des 24 novembre 1896 et 16 février 1897, complétant la circulaire du 25 juillet 1893.)

Les prisonniers militaires envoyés en France et embarqués sur les paquebots ou bâtiments de commerce peuvent, en cas de nécessité absolue, être escortés par des gendarmes coloniaux se rendant en France comme convalescents ou rapatriés par suite de nouvelle affectation. (Circulaire du Ministre des colonies en date du 30 avril 1895.)

Art. 396. Les mesures ordonnées pour le transfèrement des prisonniers civils sont les mêmes pour le transfèrement des prisonniers militaires, sauf les modifications ci-après.

Art. 397. Les militaires escortés doivent être conduits régulièrement le même jour d'un gîte d'étape à l'autre, sans pouvoir être déposés dans les communes intermédiaires.

Voir les annotations de l'article 395 ci-dessus. — Les transfèrements ont lieu par les voies ferrées.

Dans les cas où le trajet a lieu en dehors des voies ferrées et qu'il est nécessaire de requérir un convoi, il y a lieu de se reporter au règlement du 27 février 1894 sur le service des convois militaires à l'intérieur.

Art. 398. La levée d'écrou d'un militaire détenu en vertu d'un jugement ou d'un ordre militaire ne peut être ordonnée que par l'autorité militaire.

Art. 399. Tout militaire ou individu appartenant à l'armée qui est arrêté par une brigade de gendarmerie dont la résidence n'est pas gîte d'étape, peut être déposé, le jour de son arrestation, dans la maison d'arrêt de cette résidence.

Tout militaire ainsi déposé dans une commune non gîte d'étape ne peut y rester plus de deux jours, celui de l'arrestation compris.

Art. 400. Dans le cas où les militaires arrêtés sont déposés dans la chambre de sûreté de la caserne de gendarmerie, ou dans tout autre local à défaut de prison, les commandants de brigade, sur le refus du maire, qui est constaté par procès-verbal, pourvoient à la nourriture de ces prisonniers; ils sont remboursés, par l'autorité administrative, des avances qu'ils ont faites.

Voir la circulaire du 7 juillet 1870 et l'article 173 du décret du 4 octobre 1891, sur le service des places.

Art. 401. Les militaires envoyés aux compagnies de discipline sont conduits, par les soins de leur corps, la veille du jour fixé pour l'escorte, soit à la prison de la localité, soit, à défaut, à la chambre de sûreté de la caserne de gendarmerie.

Les gendarmes ne doivent en aucun cas aller chercher les hommes dans les casernes.

Ces militaires sont conduits aux compagnies de discipline, sous l'escorte de la gendarmerie.

Le gendarme chef d'escorte est responsable des militaires qui lui sont confiés, ainsi que des effets dont ces militaires sont pourvus.

L'usage des menottes est interdit; les autres instruments de sûreté ne doivent être employés qu'à l'égard :

1° Des militaires signalés par les corps comme étant particulièrement dangereux;

2° De ceux dont l'attitude en route serait de nature à causer du scandale;

3° De ceux enfin qui chercheraient à s'évader.

Art. 402. Les militaires escortés voyagent, autant que possible, par les chemins de fer, au moyen de réquisitions. Sur les routes de terre, les militaires escortés font route à pied, à moins que, d'après un certificat d'un médecin militaire ou, à défaut, d'un médecin civil désigné par le maire, ils ne soient reconnus hors d'état de marcher. (En cas d'urgence, le chef d'escorte est autorisé à passer outre, en signant d'office le certificat de visite.)

Alors, il leur est fourni des voitures par les entrepreneurs des convois militaires.

Les allocations de convoi ne sont faites aux militaires isolés que s'il est impossible de leur allouer l'indemnité kilométrique en diligence.

Les gendarmes qui escortent des prisonniers par les voies rapides accomplissent le plus long trajet possible (jusqu'à 300 et 400 kilomètres du point de départ au point d'arrivée) et doivent être de retour en n'ayant découché qu'une seule nuit; à cet effet, l'intendant qui délivre l'ordre de route délivre en même temps l'ordre de retour.

Art. 403. Si un prévenu ou condamné militaire tombe malade en route, il est déposé et consigné à l'hôpital le plus proche, sous la surveillance spéciale de la gendarmerie et des autorités locales.

Art. 404. Lorsque des prisonniers militaires sont entrés aux hôpitaux, la gendarmerie, à défaut du sous-intendant militaire, est autorisée à faire des visites dans ces établissements, afin de s'assurer si leur séjour n'y est pas abusif et prolongé sans motif.

Voir le règlement sur le service de santé.

Art. 405. Les billets d'entrée aux hôpitaux des militaires isolés reconnus malades par les officiers de santé qui les ont visités, ainsi que ceux des militaires, condamnés ou prévenus, conduits par la gendarmerie, sont signés par les commandants d'armes, et, dans les lieux où il n'y a pas de commandant d'armes, par le commandant de la gendarmerie de la localité.

Art. 406. Lorsqu'un militaire transféré s'évade d'un hôpital militaire, le commandant de la gendarmerie en est avisé par l'officier d'administration gestionnaire, ou l'administrateur pour les hôpitaux mixtes ou civils. Il en est dressé procès-verbal.

Art. 407. En cas d'évasion d'un militaire confié à la garde de la gendarmerie, son signalement, extrait de la feuille de route ou du jugement, est sur-le-champ envoyé par le chef de l'escorte aux brigades voisines.

Si l'évasion a lieu pendant la marche, le commandant de l'escorte rédige, en outre, un procès-verbal indiquant exactement les nom et prénoms du prisonnier évadé, le corps auquel il appartient, la date du jugement, la peine prononcée, le lieu et les circonstances de l'évasion.

Le procès-verbal est immédiatement transmis au commandant de la gendarmerie du département, par la voie hiérarchique.

Si, dans les cinq jours qui ont suivi l'évasion, l'arrestation n'a pas eu lieu, le commandant de la gendarmerie transmet le procès-verbal au Ministre de la guerre (Bureau de la Justice militaire), et lui fait connaître en même temps s'il a été fait des poursuites contre les fauteurs de l'évasion, et quel en a été le résultat.

Aussitôt après qu'un condamné évadé en route a été repris, le commandant de gendarmerie du département où l'arrestation a été effectuée en rend compte au Ministre de la guerre (Bureau de la Justice militaire).

Les commandants de gendarmerie rendent également compte de cet événement au général commandant la subdivision de région.

Voir les annotations de l'article 417 du présent décret.

Art. 408. Si le militaire évadé appartient à l'armée de mer, les mêmes formalités sont remplies, et les pièces sont transmises au Ministre de la marine.

Dans ce cas, les commandants de compagnie rendent compte de cet événement au préfet maritime de l'arrondissement auquel le militaire appartient et au général commandant la subdivision de région.

Afin d'éviter des frais de procédure, les effets pouvant servir à conviction seront transportés par les gendarmes chargés de la conduite des prévenus et accusés. Si, à raison du poids ou du volume, ces objets ne peuvent être transportés par les gendarmes, ils le seront d'après un ordre écrit de l'autorité qui ordonnera le transport, soit par les messageries, soit par les entrepreneurs de transports, soit par les chemins de fer, sauf les précautions convenables pour la sûreté des objets. (Art. 20 de l'instr. pour servir à l'exécution du décret du 12 août 1896.)

Art. 409. Lorsqu'un militaire est décédé dans une maison de détention ou qu'il s'en est évadé, le commandant de la gendarmerie du canton dresse un inventaire exact de l'argent et des effets qu'il a laissés ; il indique avec soin les nom et prénoms de ce militaire, le lieu de sa naissance, son département et le corps dans lequel il servait.

L'inventaire est fait en triple expédition et signé par le concierge de la maison de détention, qui garde par devers lui une des expéditions.

Les effets et l'argent sont transportés sans délai, par la voie de la correspondance des brigades, jusqu'à l'hôpital militaire le plus voisin, et remis, avec la seconde expédition de l'inventaire, au comptable de l'hôpital, qui, après vérification, donne son reçu au bas de la troisième expédition, laquelle reste entre les mains du commandant de la brigade de l'arrondissement où l'hôpital est situé, pour servir à la décharge de ce militaire. Il est fait inscription de l'inventaire sur le registre d'ordre de la brigade.

A défaut d'hôpital militaire dans le département, les objets cidessus sont déposés, en suivant les mêmes formalités, dans les mains des administrateurs de l'hôpital civil le plus voisin, pourvu, toutefois, que cet établissement soit du nombre de ceux qui reçoivent des militaires malades.

Aux termes de la circulaire du 4 mai 1866, le Ministre de la guerre doit être informé de tout décès survenu hors des hôpitaux, que le militaire soit mort à son corps, à sa résidence ou en congé, et l'acte du décès doit lui parvenir par l'intermédiaire des généraux, avec les rapports relatifs aux morts par circonstances exceptionnelles.

Les effets et objets dont les détenteurs décèdent à l'hôpital du lieu ou s'en évadent sont compris dans un état dressé par l'officier comptable ou l'économe de l'établissement et réintégrés, suivant leur nature, soit au magasin de l'unité administrative, soit au magasin du corps.

Les effets et objets laissés dans un hôpital externe sont renvoyés, aux frais de l'Etat ou sans frais si c'est possible, au corps d'origine, sur l'ordre qui en est donné au comptable ou à la gendarmerie par le sous-intendant militaire.

Lorsqu'un homme en position d'absence est rayé des contrôles du corps par suite d'une mutation qui ne pouvait être prévue au moment de son départ, le corps en informe le sous-intendant militaire dans la circonscription administrative duquel résidait l'homme au moment de sa radiation, et lui adresse, en même temps, une facture, en double expédition, des effets de toute nature dont l'homme était détenteur. Ce fonctionnaire prend immédiatement les mesures nécessaires pour faire renvoyer au corps d'origine, aux frais de l'Etat ou sans frais, les effets qui peuvent encore être d'un bon usage, pourvu toutefois que le prix du transport ne dépasse pas la valeur de l'envoi.

Dans le cas contraire, il prescrit le versement, à titre gratuit, des effets à un autre corps ou établissement qui en donne récépissé sur l'une des expéditions de la facture. Cette facture est renvoyée pour avis, au corps d'origine qui, dans ce cas, n'a droit à aucune indemnité pour les effets ainsi versés.

Toutefois, il est fait exception aux dispositions qui précèdent en faveur des militaires décédés dans leurs foyers des suites de blessures ou de maladies contractées sous les drapeaux ; leurs parents sont autorisés à les faire inhumer avec leurs effets d'uniforme; mais ils doivent en informer la gendarmerie dans le délai de quarante-huit heures à compter du lendemain du jour du décès du militaire.

Quelle que soit leur valeur, les effets d'habillement des militaires décédés dans leurs foyers, par suite de maladies contagieuses et épidémiques, sont incinérés sur place par les soins de la gendarmerie.

Dans ces deux derniers cas, la gendarmerie dresse un procès-verbal et en envoie une copie au corps par l'intermédiaire du sous-intendant militaire. (Décret du 24 février 1896.)

Formalités à remplir par le commandant de brigade pour un militaire de l'armée active décédé dans ses foyers :

Etablir quatre procès-verbaux constatant le décès, deux actes de décès et trois inventaires des effets.

Ces pièces reçoivent les destinations ci-après :

1° Au chef de corps : un procès-verbal et une copie de l'acte de décès ;

2° Au sous-intendant militaire : un procès-verbal avec l'inventaire des effets ;

3° Au général de la subdivision : un procès-verbal avec copie de l'acte de décès et les pièces militaires ;

4° Au commandant d'arrondissement : un procès-verbal.

La gendarmerie doit rendre compte du décès des officiers et des adjudants retraités pourvus d'emploi dans la réserve de l'armée active ou dans l'armée territoriale. (Circ. minist. du 14 février 1879 et du 20 juillet 1882.)

Les maires signalent de même à la gendarmerie ou au général commandant la subdivision ceux de leurs administrés décorés de la Légion d'honneur ou médaillés qui viennent à décéder. (Circ. minist. du 9 janvier 1873.)

Deux fois par an, à des époques indéterminées et à l'occasion des tournées habituelles, la gendarmerie vérifie dans les mairies des communes externes, à l'aide des registres de l'état civil et du registre à souche spécial, si les décès des hommes qui ne sont pas entièrement dégagés des obligations imposées par la loi sur le recrutement ont été notifiés, et signale les irrégularités au préfet. (Note minist. du 5 juin 1889.) Voir l'instruction du 28 décembre 1895, art. 31.

Art. 410. Si le concierge de la maison de détention déclare que le militaire mort ou évadé n'a laissé ni effets ni argent, le commandant de la gendarmerie dresse procès-verbal de cette déclaration, qu'il fait signer au concierge, et il en inscrit le contenu sur le registre d'écrou. Ce procès-verbal est pareillement transmis au commandant de la compagnie.

Art. 411. Le concierge de la prison ou le comptable de l'hôpital où le condamné est déposé s'assure de même, avant de le recevoir, si le condamné est porteur de tous les effets mentionnés sur la feuille de route ; il en est ainsi responsable pendant tout le temps que le condamné séjourne tant à l'hôpital qu'à la prison.

Art. 412. Si le militaire est décédé entre les mains de la gendarmerie lorsqu'il marche sous escorte, il y a lieu de remplir les mêmes formalités que dans le cas de décès dans une maison de détention. Mais le procès-verbal n'est dressé qu'en deux expéditions signées par l'autorité locale.

Cet inventaire est toujours indépendant du procès-verbal qui doit constater cet événement, et qui doit être envoyé au commandant de la compagnie avec toutes les pièces concernant le militaire décédé.

Art. 413. Il est expressément défendu à la gendarmerie de faire la conduite des militaires condamnés à la peine des travaux publics avant d'avoir reçu une expédition individuelle et certifiée des jugements, et de s'être assuré si les condamnés sont pourvus de tous les effets d'habillement et de petit équipement prescrits par les règlements et dont le détail doit être inscrit sur la feuille de route de chaque homme.

La gendarmerie veille avec la plus grande attention à ce qu'il ne soit détérioré ni détourné aucune partie de ces effets par les condamnés pendant la route, et principalement dans les lieux de gîte. Si elle remarque qu'il leur manque quelques-uns de ces effets à la sortie des prisons, elle en dresse procès-verbal, que le concierge est tenu de signer. Ce procès-verbal est joint à l'ordre de conduite des militaires condamnés, pour servir à la décharge des gendarmes.

Art. 414. Dans le cas où un condamné arrive à l'atelier sans être pourvu de la totalité des effets mentionnés sur la feuille de route, le sous-intendant constate, par un procès-verbal, l'absence de ces effets, et le Ministre de la guerre fait exercer une retenue égale à la valeur des objets manquants sur la solde des gendarmes, si ce fait provient de leur faute.

Ces dispositions sont applicables à tout militaire conduit par la gendarmerie à une destination quelconque.

SECTION III.

RESPONSABILITÉ DE LA GENDARMERIE DANS LE TRANSFÈREMENT DES PRISONNIERS.

Art. 415. Les sous-officiers et gendarmes doivent prendre toutes les mesures de précaution pour mettre les prisonniers confiés à leur garde dans l'impossibilité de s'évader; toute rigueur inutile pour s'assurer de leur personne est expressément interdite. La loi défend à tous, et spécialement aux dépositaires de la force armée, de faire aux personnes arrêtées aucun mauvais traitement ni outrage, même d'employer contre elles aucune violence, à moins qu'il n'y ait résistance ou rebellion, auquel cas seulement ils sont autorisés à repousser par la force les voies de fait commises contre eux dans l'exercice de leurs fonctions.

Art. 416. Toutefois, les gendarmes ayant, en cas d'évasion, une responsabilité qu'il importe essentiellement de ne pas leur ôter, il y a lieu de leur laisser quelque latitude dans l'emploi des moyens qui, selon les circonstances, peuvent être indispensables pour prévenir les évasions; il leur est recommandé de préférence l'emploi de chaînettes en corde de fil de fer ou de gourmettes fermant à cadenas comme réunissant les conditions de solidité, de légèreté et de flexibilité.

Cependant, dans les cas rares, et lorsqu'il s'agit de la conduite d'un grand criminel, ou s'il y a mutinerie ou tentative d'évasion, on peut recourir aux poucettes.

Mais il est interdit de se servir de grosses chaînes ou de menottes à vis, ou colliers de chien, qui sont susceptibles de blesser les prisonniers et d'occasionner des accidents graves; il est également formellement défendu de fixer à l'une des parties du harnachement le bout du lien qui retient un prisonnier.

Il importe d'indiquer, sur l'ordre de conduite, les tentatives d'évasion qui ont eu lieu pendant la route, et de veiller à ce que les prisonniers ne s'enivrent pas.

Art. 417. Dans le cas où il y a rébellion de la part des prisonniers et tentative violente d'évasion, le commandant de l'escorte, dont les armes doivent être toujours chargées, leur enjoint, au nom de la loi, de rentrer dans l'ordre en leur déclarant que, s'ils n'obéissent pas, ils vont y être contraints par la force des armes. Si cette injonction n'est pas écoutée et si la résistance continue, la force des armes est déployée à l'instant même pour contenir les fuyards rebelles et révoltés.

Voir les articles 297 et 638 du présent décret.

Les gendarmes n'ont pas le droit de faire feu sur un prisonnier qui prend la fuite; c'est à eux de se conformer aux articles 387 et 415 du décret du 1er mars 1854 et aux circulaires des 25 septembre 1866 et 14 août 1871 en prenant toutes les mesures de précaution pour mettre les prisonniers confiés à leur garde dans l'impossibilité de s'évader. Les gendarmes encourraient une punition rigoureuse s'ils cherchaient à réprimer par l'usage des armes une tentative d'évasion, alors surtout qu'elle a lieu sans rébellion et qu'elle a été provoquée par le manque de vigilance ou le laisser-aller des gendarmes d'escorte.

Voir l'arrêt de la Cour de cassation du 23 juin 1887 (*Bulletin officiel*, page 186.)

Art. 418. Si, par suite de l'emploi des armes, un ou plusieurs prisonniers transférés sont restés sur place, le commandant de l'escorte fait prévenir immédiatement le juge de paix du canton ou tout autre officier de police judiciaire, le plus à proximité, afin qu'il se rende sur les lieux.

Il dresse procès-verbal de cet événement et de toutes les circonstances dont il a été précédé, accompagné ou suivi.

Il fait prévenir également le commandant de la gendarmerie de l'arrondissement, qui doit se transporter immédiatement sur les lieux.

Art. 419. Le procès-verbal, signé de tous les gendarmes faisant partie de l'escorte, est remis à l'officier de police judiciaire; une copie en est envoyée immédiatement aux chefs de l'arme, afin que les diverses autorités compétentes en soient informées.

Le chef de l'escorte doit requérir le maire de la commune, afin qu'il dresse l'acte de décès et pourvoie à l'inhumation, toutefois après en avoir reçu l'autorisation du procureur de la République.

Art. 420. La conduite n'est pas retardée, à moins qu'il n'y ait décision contraire de l'autorité civile ou judiciaire, prise à l'occasion de cet événement.

Art. 421. Compte est rendu immédiatement par le commandant de la gendarmerie de l'arrondissement aux Ministres de la guerre, de la justice, de l'intérieur et au chef de la légion, indépendamment du procès-verbal transmis par lui au commandant de la compagnie.

Art. 422. Dans le cas où des prisonniers en route, sous l'escorte de la gendarmerie, viennent à s'évader, ceux qui restent sont toujours conduits à destination avec les pièces qui les concernent. Autant que possible, le chef d'escorte se met aussitôt sur les traces des individus évadés, et requiert les agents de l'autorité et les citoyens de lui prêter aide et assistance pour les rechercher et les arrêter. Il en donne partout le signalement et ne cesse la poursuite que lorsqu'il a la certitude qu'elle est sans résultat; il dresse procès-verbal et rend compte au commandant de l'arrondissement, qui prend tous les renseignements nécessaires pour savoir s'il y a eu connivence ou seulement négligence de la part des gendarmes. Cet officier ordonne de son côté les recherches et les poursuites qu'il juge convenables pour atteindre les évadés, transmet le procès-verbal au procureur de la République et informe le commandant de la compagnie. Il est rendu compte sans délai au Ministre de la guerre. Le signalement des évadés est envoyé suivant l'ordre prescrit par l'article 407.

Si tous les prisonniers sont parvenus à s'évader, les pièces sont adressées sur-le-champ avec le procès-verbal de l'évasion au commandant de l'arrondissement.

Art. 423. En cas d'évasion de détenus par suite de négligence, les gendarmes chargés de la conduite sont passibles de peines proportionnées à la nature des crimes ou délits dont sont accusés les prévenus, ou des peines auxquelles ils sont condamnés; il est donc indispensable, dans l'espèce, de rédiger les procès-verbaux avec exactitude et d'entrer dans tous les détails pour préciser la responsabilité attachée à ces évasions.

Art. 424. Le commandant de la brigade qui a fourni l'escorte des prisonniers fait mention sur sa feuille de service des évasions qui ont eu lieu et des noms des gendarmes qui étaient chargés de la conduite.

Art. 425. Tout sous-officier, brigadier ou gendarme convaincu d'avoir emprunté ou reçu, à quelque titre que ce soit, de l'argent ou des effets des prévenus ou condamnés dont le transfèrement lui a été confié se met dans le cas d'être réformé, sans préjudice des peines qui peuvent être prononcées contre lui, et qui sont déterminées par les lois.

Art. 426. Les sous-officiers, brigadiers ou gendarmes sont tenus de veiller à ce que les prisonniers reçoivent exactement les subsistances qui doivent leur être fournies pendant la route.

Il préviennent les maires ou adjoints des infractions et négligences qu'ils remarqueraient sur la fourniture de la subsistance et du couchage; ils se refusent, dans ce cas, à signer et à certifier l'état relevé du registre d'écrou, qui doit être présenté tous les trois mois au commandant de la brigade.

Ils s'assurent, la veille du départ, que les prévenus ou condamnés qu'ils doivent transférer ne sont point malades et qu'ils sont munis des chaussures et vêtements nécessaires pour faire la route.

En l'absence de médecin, et même quand il est parfaitement reconnu que le détenu ne peut faire la route à pied, le maire, et même le chef de brigade, peuvent accorder les moyens de transport, pour éviter des frais de visite que réclament généralement les médecins qui ne sont pas attachés aux prisons. Dans ce cas, une attestation explicative des causes nécessitant le transport en voiture ou en chemin de fer est inscrite dans la réquisition remise au convoyeur ou au chef de gare. (Circ. du min. de la justice des 17 août 1860 et 23 février 1887.)

Voir aussi la circulaire du Ministre de la justice en date du 29 novembre 1884.

Il est interdit au gardien-chef de laisser partir tout condamné en état de maladie grave. (Art. 9 du décret du 11 novembre 1885.)

Art. 427. La même surveillance est exercée par les commandants de brigade, lorsque des militaires sont détenus dans les maisons d'arrêt ou de détention; ils s'assurent également si les concierges de ces prisons leur fournissent exactement les denrées prescrites par les règlements, si la paille est renouvelée aux époques fixées et dans les quantités voulues, et si les chambres sont munies des ustensiles nécessaires.

En cas de plaintes de la part des détenus, les commandants de brigade en vérifient l'exactitude et rendent compte à leurs chefs, par la voie hiérarchique, des abus qu'ils ont découverts.

Les commandants de compagnie donnent aussitôt connaissance de ces abus, soit au préfet, soit au commandant d'armes, soit au sous-intendant militaire.

Art. 428. La gendarmerie dresse également procès-verbal contre tout gardien ou geôlier qui lui refuse l'ouverture des portes des prisons, des chambres des détenus à transférer, l'exhibition des registres d'écrou militaire, et qui n'opère pas immédiatement la transcription des ordres de justice pour écrouer, mettre en liberté ou transférer des prisonniers.

Art. 429 à 458 (1).

(1) Les articles 429 à 458 étaient relatifs au transfèrement des condamnés au bagne par voitures cellulaires, supprimé par le Ministre de l'intérieur.

CHAPITRE III.

SERVICE EXTRAORDINAIRE DES BRIGADES.

SECTION UNIQUE.

SERVICE LÉGALEMENT REQUIS.

Art. 459. Le service extraordinaire des brigades consiste à prêter main-forte :

1° Aux préposés des douanes pour la perception des droits d'importation et d'exportation, pour la répression de la contrebande ou de l'introduction sur le territoire français de marchandises prohibées ;

2° Aux agents de l'administration pour la répression du maraudage dans les forêts et sur les fleuves, lacs ou rivières ;

3° Aux inspecteurs, receveurs des deniers de l'Etat et autres préposés, pour la rentrée des contributions directes et indirectes.

Les commandants de brigade ne doivent pas acquiescer aux demandes d'escorte que leur font directement les percepteurs des communes ; mais, dans le cas où ces fonctionnaires ont de justes raisons de craindre une attaque sur les fonds existant entre leurs mains, ils s'adressent au maire et le prient de requérir cette escorte ;

4° Aux huissiers et autres exécuteurs de mandements de justice, porteurs de réquisitions ou de jugements spéciaux dont ils doivent justifier ;

5° Aux commissaires et sous-commissaires, gardes-barrières et autres agents préposés à la surveillance des chemins de fer.

Les gendarmes chargés de mettre une contrainte par corps à exécution peuvent y surseoir en en rendant compte ; mais il leur est interdit de payer pour les condamnés. (Circ. du 13 décembre 1858.)

Voir aussi l'article 215 de l'instruction du Ministre des finances en date du 20 septembre 1875 et la circulaire du 25 avril 1888.

Voir la circulaire du 12 septembre 1877 et celle du 1er juillet 1884, au sujet de l'extraction des détenus par les huissiers ou par la gendarmerie.

Les huissiers et la gendarmerie ne doivent jamais être employés simultanément pour ce service.

Cette main-forte, qui rentre dans les services extraordinaires, ne doit être prêtée par la gendarmerie que lorsqu'il y a eu commencement de résistance et rébellion ; toutefois, s'il existe de très graves présomptions que la résistance doit avoir lieu, l'huissier peut se faire autoriser, par le président, à requérir la force armée. (Loi du 26 mars 1855.) Si l'ouverture des portes est refusée, l'huissier ne peut entrer qu'avec l'assistance du juge de paix, du maire ou de l'adjoint. (Code de procédure, art. 587.)

On ne saurait trop recommander aux commandants des brigades de refuser toute rémunération offerte habituellement par les huissiers à l'occasion du service de la gendarmerie (art. 158 du règlement sur le service intérieur) et de rester en dehors des détails d'exécution.

Art. 460. La gendarmerie fournit les escortes légalement demandées, notamment celles pour la sûreté des recettes générales, convois de poudre, de munitions de guerre, de dynamite ou autre explosif voyageant par terre ou eau, courriers des malles, voitures et messageries publiques, chargées des fonds du gouvernement.

Le chef d'escorte qui accompagne les convois de poudre doit certifier que la voie de terre a été suivie entre tel ou tel point et adresser ce certificat au service local de l'intendance. (Note minist. du 15 septembre 1890.)
Voir l'article 467 du présent décret.

Art. 461. Les réquisitions pour l'exécution du service extraordinaire sont adressées, savoir : dans les chefs-lieux de département, au commandant de la compagnie ; dans les sous-préfectures, au commandant de l'arrondissement, et, sur les autres points, aux commandants des brigades.

Art. 462. Lorsque la gendarmerie doit pourvoir à la sûreté des diligences et malles chargées de fonds de l'Etat, les officiers ont à se concerter avec les autorités qui font la réquisition pour remplacer par des patrouilles ou embuscades, dans l'intérêt de la conservation des chevaux, les escortes qui ne sont pas indispensables et qui dérangent le service habituel des brigades.

Ces patrouilles ou embuscades, qui ont lieu plus particulièrement la nuit, sont combinées suivant la longueur du trajet que parcourent les diligences ou malles, et suivant les dangers prévus.

Art. 463. Lorsque l'escorte est reconnue indispensable par les préfets ou sous-préfets, elle ne peut être refusée par les officiers de gendarmerie ; dans ce cas, si les gendarmes ne trouvent pas place à côté du conducteur sur la voiture, ils la suivent sans pouvoir l'abandonner avant l'arrivée à destination ou avant d'avoir été relevés.

Ils ne doivent se placer ni en avant ni sur les côtés de la voiture, mais se tenir en arrière à une distance de 100 mètres environ, afin de ne pas la perdre de vue et d'être à même d'arriver subitement en cas d'attaque.

Pour ces escortes, les gendarmes doivent toujours avoir les armes chargées.

Art. 464. Dans le cas où l'escorte n'a pas été jugée nécessaire au moment du départ, la réquisition est remise au conducteur de la voiture, lequel peut en faire usage, au besoin, dans toute l'étendue de la route à parcourir.

Art. 465. La gendarmerie est également chargée de fournir des escortes pour la surveillance des transports et mouvements d'espèces entre les départements et les hôtels des monnaies, lorsque des réquisitions lui en sont faites par les autorités.

Mais cette surveillance ne doit s'exercer, en général, qu'au moyen de patrouilles et embuscades; elle n'a lieu que dans les circonstances et sur les points des grandes routes où il y a quelque danger à craindre.

Il n'est fourni d'escorte que dans le très petit nombre de cas où ce service est le seul qui offre une garantie réelle. Ce service doit être combiné avec les autorités, pour le temps et les moyens, de manière à n'occasionner à la gendarmerie que le moins de dérangement possible.

Voir la note ministérielle du 19 août 1887 au sujet de l'indemnité à payer aux habitants requis pour la garde des convois de poudre.

Art. 466. Lorsque la gendarmerie se trouve dans l'impossibilité absolue d'escorter, elle en mentionne les causes sur la réquisition même.

Art. 467. Les convois de poudres, munitions, dynamite et autres explosifs ne sont escortés que pour les convois directs par terre ou eau et lorsque les convois quittent la voie ferrée et sont réexpédiés par terre ou eau pour parvenir à destination.

L'escorte est composée d'un gendarme chef d'escorte nécessaire pour qu'il puisse être dressé procès-verbal s'il est besoin, et d'un ou deux hommes de troupe qui sont demandés par le chef d'escorte au commandant d'armes de la garnison locale la plus voisine.

Dans le cas où il n'y a pas de garnison dans la localité d'où part le convoi ou tout à fait à proximité, le gendarme chef d'escorte accompagne seul le convoi jusqu'à la première ville de garnison : il se présente alors, muni de la réquisition dont il est porteur, au commandant d'armes, qui désigne le ou les soldats destinés à former, sous le commandement du gendarme, l'escorte du convoi.

Le gendarme chef d'escorte est remplacé par un autre gendarme à la première brigade, et ainsi de suite jusqu'à l'arrivée du convoi, soit à destination, soit à une gare de chemin de fer, où le chef de gare le prend en charge.

Les soldats de l'escorte ne reviennent à leur corps que lorsque le convoi est parvenu dans une localité possédant, en hommes de troupe, les ressources nécessaires pour les remplacer, s'il y a lieu.

S'il n'y a pas de brigade de gendarmerie dans la localité d'où part le convoi, l'agent expéditeur ou le chef de gare remet la réquisition d'escorte au maire, qui la transmet, par la voie la plus prompte, au commandant de la brigade la plus voisine chargée de fournir le gendarme chef d'escorte.

Le convoi n'est mis en route qu'à l'arrivée du chef d'escorte.

La surveillance des expéditions de dynamite, de poudres et de matières assimilées s'effectue conformément aux règlements du 10 janvier 1879 pour le transport de la dynamite (art. 12) et du 9 janvier 1888 pour le transport des poudres et des munitions de guerre (art. 8, 9 et 10). (Art. 53 du règlement du 28 mai 1895 sur les transports ordinaires de la guerre.)

L'instruction du 28 mai 1895 indique le mode de paiement des frais d'escorte et de garde des convois de dynamite de l'industrie privée.

Aucune indemnité n'est allouée aux militaires qui gardent un convoi de poudre ou de dynamite de l'Etat; mais lorsqu'ils sont désignés pour garder un convoi de poudre du commerce ou de dynamite provenant de l'industrie privée, ils ont droit à une indemnité fixée, par jour ou fraction de jour, à 1 fr. 25 pour les brigadiers ou caporaux et gendarmes et à 1 franc pour les soldats. (Instr. du 28 mai 1895, art. 53, sur les transports ordinaires de la guerre.)

Art. 468. Le commandant de l'escorte affecte un homme de sa troupe à chaque voiture et visite fréquemment toutes les voitures, pour s'assurer si tout est en bon état, s'il n'y a aucun accident à craindre, et si l'on prend toutes les précautions nécessaires pour les éviter.

Art. 469. Il fait marcher, autant que possible, le convoi sur la terre, jamais plus vite que le pas et sur une seule file de voitures.

Il ne souffre près du convoi aucun fumeur, soit de la troupe d'escorte, soit étranger. Il est responsable des accidents qui peuvent provenir de cette cause, et de tous autres qui peuvent être attribués à sa négligence.

Art. 470. Le commandant de l'escorte empêche que rien d'étranger aux poudres ne soit sur les voitures, particulièrement des métaux et des pierres qui, par leur choc, peuvent produire du feu; que personne n'y monte qu'en cas de dérangement ou de réparations indispensables à faire à un baril (ce qui doit avoir lieu très rarement et avec les plus grandes précautions, en descendant à cet effet le baril de la voiture et se servant du maillet en bois); que toutes les voitures étrangères à celles du convoi n'approchent pas de celui-ci: il les fait au besoin détourner et arrêter.

Art. 471. Il ne laisse approcher personne du convoi et veille à ce qu'il ne soit pas fait de feu dans les environs.

Il fait passer les convois en dehors des communes, lorsqu'il y a possibilité, et, quand on est forcé de les faire entrer dans les villes, bourgs et villages, il requiert la municipalité de faire fermer les ateliers et les boutiques d'ouvriers dont les travaux exigent du feu, et de faire arroser, si la route est sèche, les rues par où l'on doit passer.

Art. 472. Le convoi n'est jamais arrêté ni stationné dans les villes, bourgs ni villages, et on le fait parquer, au dehors, dans un lieu isolé des habitations, sûr, convenable et reconnu à l'avance.

Art. 473. Le commandant de l'escorte requiert le maire, à défaut de troupe de ligne, de fournir un nombre suffisant de gardiens, choisis parmi les habitants, pour veiller à la sûreté du convoi jusqu'au moment du départ.

Dans le cas seulement où le convoi n'est pas gardé par la troupe de ligne, le commandant de l'escorte est tenu de s'assurer par lui-même, pendant la nuit, si ce service se fait avec exactitude.

La gendarmerie ne doit fournir d'escortes, par terre et par eau, que lorsqu'elle ne doit pas découcher. Dans le cas contraire, la troupe de ligne garde le convoi, et, à défaut de militaires, ce soin est confié à des habitants désignés par le maire.

Il est alloué à chaque individu une rémunération, aux frais du ministère de la guerre. (Circ. du 11 avril 1873.)

Cette indemnité est calculée d'après le prix moyen d'une journée de travail dans la localité. (Instr. du 28 mai 1895, art. 53.)

Les personnes que le maire désigne pour garder la poudre ne peuvent s'y refuser sans s'exposer à une peine judiciaire. (Arrêt de Cassation du 25 janvier 1811 et circ. du 27 janvier 1882.)

Art. 474. La gendarmerie chargée de fournir les escortes de poudre a le droit d'empêcher la circulation des convois pendant la nuit.

Art. 475. La réquisition pour l'escorte, faite par l'agent chargé d'expédier les poudres, est adressée au commandant de la gendarmerie du lieu de départ, qui ne peut refuser d'obtempérer, et donne à cet agent un reçu de la réquisition.

Cette réquisition est remise par le commandant de l'escorte à celui qui le relève, et il en tire reçu, et ainsi de suite de brigade en brigade, jusqu'à l'arrivée à sa destination, où cette réquisition est remise à l'agent en chef chargé de recevoir les poudres, lequel l'adresse au Ministre ou à l'administration dont il dépend, avec tous les renseignements qui sont mentionnés.

Art. 476. Tout individu chargé de faire un transport pour le compte du département de la guerre doit être porteur d'une lettre de voiture revêtue du visa soit du fonctionnaire qui a signé l'ordre d'exécution, soit du maire ou adjoint de la commune où s'opère le chargement de la voiture, afin qu'il soit toujours facile de reconnaître en route l'origine et la destination du matériel. Le cachet du signataire de l'ordre ou le cachet de la mairie doit être joint au visa.

Art. 477 (1).

Art. 478. Les gendarmes chargés de ces escortes ne peuvent abandonner les voitures confiées à leur garde avant d'avoir été relevés.

---

(1) L'article 477 était relatif au poids du chargement donnant droit à l'escorte; aujourd'hui sans utilité.

Art. 479. La gendarmerie est également chargée de la surveillance du transport des convois de poudres par eau ; elle exige que les barils soient arrangés et empilés d'une manière convenable sur les bateaux, et qu'ils soient entièrement isolés de tout autre objet transporté à bord du même bateau, enfin qu'ils soient entourés de tous côtés par de la paille et recouverts partout d'une toile bien serrée ou goudronnée.

Art. 480. Le commandant de l'escorte affecte un ou plusieurs hommes à chaque bateau, suivant la force dont il peut disposer; il ne souffre pas qu'on fasse du feu à bord ni qu'on y fume ; il est responsable des accidents qui proviennent par suite de contravention à ces instructions.

Art. 481. Il veille à ce qu'on jette exactement l'eau que le bateau est dans le cas de faire, et même à ce que l'on bouche ou diminue la voie. S'il faut travailler au bateau avec quelques outils, on ne se sert que de maillets de bois, comme il a été prescrit pour réparer les barils, et on ôte avec précaution les barils de poudre des endroits où l'on travaille et des parties qui les environnent.

Art. 482. Lorsqu'un convoi par eau traverse une ville, un bourg ou un village, le commandant de l'escorte requiert la municipalité de faire fermer les ateliers et les boutiques des ouvriers dont les travaux exigent du feu, ainsi qu'il a été prescrit pour les convois par terre.

Art. 483. Les bateaux chargés de poudre doivent toujours être isolés, soit dans la marche, soit lorsqu'ils sont amarrés. En conséquence, le commandant de l'escorte fait éloigner tous les autres bateaux qui veulent s'en approcher.

Art. 484. Il ne laisse pas amarrer les bateaux chargés de poudre près des communes ou habitations ; il veille à ce qu'aucun étranger n'approche du convoi et à ce qu'on ne fasse pas de feu dans les environs des endroits où ils sont amarrés.

Lorsqu'un bateau est amarré, il doit rester, le jour et la nuit, au moins un homme de l'escorte à bord, et le commandant de cette escorte exige qu'il y reste un marinier pour parer aux événements qui pourraient arriver.

Art. 485. Dans le cas où des événements extraordinaires, tels qu'inondations, glaces et fermetures de canaux, empêchent des poudres de suivre leur destination, le commandant de l'escorte en prévient de suite le commandant de la place, ou, à son défaut, le maire, qui les fait emmagasiner dans un lieu sec et sûr, jusqu'à ce qu'elles puissent repartir ; le chef de l'escorte remet la réquisition et les instructions qui l'accompagnent à ces autorités ; il en tire reçu, prévient la brigade la plus voisine, rend compte immédiatement à ses chefs, et l'escorte rentre à sa résidence.

Lorsque les poudres peuvent suivre leur destination, l'une ou l'autre de ces autorités requiert l'escorte d'usage, lui remet les pièces et en tire un reçu.

Art. 486. En principe, les escortes militaires sont supprimées en cours de route sur les voies ferrées.

Exceptionnellement, certaines expéditions déterminées par l'autorité militaire pourront, quel que soit le poids, être escortées, même pendant leur transport sur les voies ferrées.

Dans ce cas, au lieu de départ l'escorte est requise par l'agent du ministère de la guerre chargé de l'expédition.

Le commandant de gendarmerie à qui la réquisition est adressée, transmet d'urgence aux commandants des villes où l'escorte doit être relevée, un avis faisant connaître le jour du départ.

L'escorte est toujours composée de deux hommes au moins. Elle prend place à la volonté de l'autorité militaire, soit avec les conducteurs du train, soit, à raison de deux hommes au plus par wagon, dans les mêmes wagons que le chargement dont elle a la surveillance.

Pendant le séjour momentané, dans les gares, des wagons qu'elle doit surveiller, l'escorte ne doit jamais s'en éloigner ni les perdre de vue.

Il est formellement interdit aux agents du train (sauf en cas de force majeure) de monter dans les wagons pendant le trajet.

L'escorte jouit, à l'aller et au retour, de la gratuité du transport (art. 53 de l'arrêté du 15 juillet 1891) : il n'y a lieu de délivrer ni bon de chemin de fer ni aucune pièce de transport.

Art. 486 *bis*. La garde des convois non escortés, aux gares de jonction ou de bifurcation, incombe aux compagnies de chemins de fer.

Quand un convoi arrivé dans une gare n'est pas enlevé dans le délai de trois heures après l'arrivée, le chef de gare doit demander à l'autorité militaire locale une garde destinée à veiller sur ce convoi.

Lorsque la gare est éloignée des villes de garnison, il s'adresse à la gendarmerie locale en utilisant la réquisition annexée à la lettre de voiture.

Si la commune n'a pas de gendarmerie, le chef de gare s'adresse au maire, qui fait parvenir la réquisition au commandant de la brigade la plus voisine.

En attendant l'arrivée du gendarme, le maire assure la garde du convoi au moyen de deux habitants, conformément aux prescriptions des articles 91 et 94 de la loi du 5 avril 1884.

CHAPITRE IV.

DES PROCÈS-VERBAUX.

Art. 487. Toutes les fois que la gendarmerie est requise pour une opération quelconque, elle en dresse procès-verbal, même en cas de non-réussite, pour constater son transport et ses recherches.

Art. 488. Elle dresse également procès-verbal des crimes, délits et contraventions de toute nature qu'elle découvre, des crimes et délits qui lui sont dénoncés, de tous les événements importants dont elle a été témoin, de tous ceux qui laissent des traces après eux et dont elle va s'enquérir sur les lieux, de toutes les déclarations qui peuvent lui être faites par les fonctionnaires publics et les citoyens qui sont en état de fournir des indices sur les crimes ou délits qui ont été commis, enfin de toutes les arrestations qu'elle opère dans son service.

La rédaction des procès-verbaux doit être claire, précise et offrir un exposé des faits dégagé de tout événement ou de toute interprétation étrangère à leur but, qui est d'éclairer la justice sans chercher à l'influencer.

Les chefs de brigade ne sont pas tenus de reproduire en tête des procès-verbaux les instructions données par les magistrats, et ils doivent conserver dans leurs archives les demandes de renseignements émanées des parquets, au lieu de les leur envoyer avec leurs réponses. (Instr. pour les inspections générales de la gendarmerie.)

Art. 489. Un gendarme peut verbaliser seul, et son procès-verbal est toujours valable; mais il n'en est pas moins à désirer que tous les actes de la gendarmerie soient constatés par deux gendarmes au moins, afin de leur donner toute la force possible en opposant en justice leurs témoignages aux dénégations des délinquants.

Art. 490. Les sous-officiers, brigadiers et gendarmes requis de prêter main-forte aux fonctionnaires et aux agents de l'autorité administrative ou judiciaire, peuvent signer les procès-verbaux dressés par ces fonctionnaires et agents, après en avoir pris connaissance; mais ils ne dressent pas de procès-verbaux de ces opérations; ils en font seulement mention sur les feuilles et rapports de service.

Art. 491. Les procès-verbaux des sous-officiers, brigadiers et gendarmes sont faits sur papier libre; ceux de ces actes qui sont de nature à donner lieu à des poursuites judiciaires sont visés pour timbre et enregistrés en débet ou gratis, suivant les distinctions établies par les lois de finances ou règlements spéciaux.

Ils sont présentés à cette formalité par les gendarmes dans le délai de quatre jours lorsqu'il se trouve un bureau d'enregistrement dans le lieu de leur résidence; dans le cas contraire, l'enregistrement a lieu à la diligence du ministère public chargé des poursuites.

Le délai pour l'enregistrement est de trois jours, lorsqu'il s'agit d'infractions aux règlements sur la police du roulage ou la grande voirie (art. 19 de la loi du 30 mai 1851).

Dans le cas où il n'y a pas de bureau d'enregistrement dans la résidence, les procès-verbaux sont adressés au commandant d'arrondissement, qui est chargé de les transmettre au sous-préfet après les avoir fait enregistrer.

Les circulaires des 16 janvier et 2 mars 1857 indiquent la manière de procéder pour l'enregistrement des procès-verbaux des brigades où il n'y a pas de bureau d'enregistrement. Si cette formalité n'est pas remplie, les rédacteurs ne peuvent en être rendus responsables. Il n'en est pas de même s'il y a un bureau dans la résidence, car, dans ce cas, ils peuvent être condamnés à 5 francs d'amende par procès-verbal non enregistré.

En Corse, les procès-verbaux ne sont pas enregistrés. (Cassation, 23 janvier 1875.)

Art. 492. Les procès-verbaux constatant des contraventions du ressort des tribunaux de simple police sont essentiellement soumis à la double formalité du timbre et de l'enregistrement en débet.

Il en est de même de ceux constatant des faits intéressant l'Etat, les communes et les établissements publics, enfin de ceux rédigés pour mort violente lorsqu'ils contiennent l'inventaire des effets trouvés sur le décédé ou près de lui.

Sont également soumis aux droits de timbre et d'enregistrement les procès-verbaux de contravention en matière de douanes et de contributions indirectes.

Ces derniers sont remis ou renvoyés par la poste au receveur de l'enregistrement du canton, qui les vise pour timbre et les revêt de la formalité de l'enregistrement.

Avis de ce dépôt ou de cet envoi est donné au receveur des contributions indirectes dans la circonscription duquel la constatation a été faite.

Cet avis sur formule imprimée est remis, chaque année, à un nombre suffisant d'exemplaires, aux commandants de gendarmerie, par les soins des directeurs des contributions indirectes.

Art. 493 et 494 (1).

Art. 495. Tous les procès-verbaux dressés par les brigades sont généralement établis en double expédition, dont l'une est remise, dans les vingt-quatre heures, à l'autorité compétente, et l'autre est adressée au commandant de l'arrondissement. Cet officier, après avoir examiné ce qui peut se trouver de défectueux ou d'omis dans la rédaction de ces procès-verbaux, les transmet, avec ses observations, au commandant de la compagnie.

---

(1) Les articles 493 et 494 étaient relatifs à la formalité de l'affirmation, supprimée par la loi du 17 juillet 1856.

Les procès-verbaux d'arrestation des forçats évadés et des déserteurs de l'armée de terre ou de mer, sont en quadruple expédition.

Le signalement des individus arrêtés doit toujours être inscrit au bas du procès-verbal.

Les procès-verbaux en matière de roulage et de grande voirie constatant des contraventions qui sont du ressort des conseils de préfecture doivent être faits en triple expédition : deux expéditions sont remises au préfet ou sous-préfet, et la troisième est adressée au commandant de la compagnie, avec indication que cette formalité a été remplie.

Ceux constatant des contraventions qui sont du ressort des tribunaux correctionnels ou des tribunaux de simple police sont faits en deux expéditions seulement : l'une est remise au procureur de la République ou au commissaire du canton, l'autre est adressée au commandant de compagnie.

Les procès-verbaux relatifs à la contrebande sont en triple expédition dont deux sont adressées aux directeurs des douanes et des contributions indirectes.

Les procès-verbaux doivent mentionner les prénoms, le lieu de naissance, l'âge, le domicile et la profession des inculpés non arrêtés.

Toutes les fois que c'est possible, les procès-verbaux doivent mentionner les prénoms, le lieu de naissance, l'âge, le domicile et la profession des inculpés non arrêtés. (Circ. du 12 août 1859.) Y ajouter également, après les signatures, les renseignements pour l'application de la loi du recrutement lorsqu'il s'agit d'un crime ou d'un délit grave (classe à laquelle il appartient canton dans lequel il a tiré au sort, numéro de tirage). (Circ. du Ministre de la justice en date du 31 mai 1883.)

Les procès-verbaux rédigés à la charge d'individus mineurs ou non civilement responsables doivent contenir les renseignements nécessaires pour faire citer les personnes qui sont appelées comme civilement responsables, conformément à l'article 1384 du Code civil. (Père ou mère, en cas du décès du premier, pour un enfant mineur habitant sous le toit paternel. — Maître ou commettant lorsque les domestiques ou préposés ont causé le dommage pendant les fonctions auxquelles ils étaient employés. — Instituteurs et patrons lorsque le dommage causé par leurs élèves ou apprentis a eu lieu pendant qu'ils étaient sous leur surveillance.)

Une circulaire du Garde des sceaux, en date du 31 mai 1883, prescrivant aux parquets de faire figurer le signalement des condamnés sur tous les extraits de jugements portant condamnation à des peines corporelles, quelle qu'en soit la durée, il importe, pour que cette mesure puisse être exécutée, que les rédacteurs des procès-verbaux consignent toujours à la suite de leurs constatations les signalements des prévenus.

Art. 496. Les procès-verbaux rédigés par les militaires de la gendarmerie, sont adressés directement aux autorités compétentes pour accélérer la transmission des dépêches ; mais les commandants de brigade n'en sont pas moins tenus d'en adresser immédiatement une expédition au commandant de l'arrondissement.

Les procès-verbaux doivent être transmis directement aux autorités judiciaires par les chefs de brigade, même lorsqu'il y a un officier dans la résidence.

Les magistrats peuvent, *dans les cas urgents*, adresser les mandats et des demandes de renseignements aux chefs de brigade, qui doivent en informer leur commandant d'arrondissement en lui envoyant une copie de ces mandats et des réponses. (Circ. du 26 novembre 1855.)

Lorsque l'autorité requiert la gendarmerie par le télégraphe, elle doit mentionner dans cette dépêche qu'elle va être suivie d'une réquisition écrite. (Circ. du 30 octobre 1880.)

Les chefs de brigade sont admis à correspondre en franchise par la voie télégraphique, pour les correspondances judiciaires urgentes adressées aux parquets (dans les localités où il y a une brigade de gendarmerie et pas de justice de paix). (Arrêté ministériel du 24 mai 1897.) (Voir le *Manuel des franchises postales*, par Roger Barbaud, en vente à la librairie militaire Henri Charles-Lavauzelle au prix de 2 fr.

Ils sont également autorisés à correspondre de la même manière avec les maires pour les affaires de service urgentes, lorsqu'ils résident dans une localité autre qu'un chef-lieu de département ou d'arrondissement. (Note ministérielle du 9 mai 1894.)

Voir les annotations à la suite de l'article 654 du présent décret.

Art. 497. L'une des deux expéditions des procès-verbaux dressés par la gendarmerie, en matière de simple police, est transmise par le commandant de brigade au commissaire de police, ou au maire remplissant les fonctions du ministère public près le tribunal de simple police de la localité; l'autre expédition est transmise au commandant de l'arrondissement, qui doit adresser, les 1er et 15 de chaque mois, au procureur de la République, un état sommaire de ces contraventions, avec la date des procès-verbaux qui les ont constatées, ainsi que les noms des contrevenants et celui du fonctionnaire auquel la remise en a été faite.

Art. 498. Les procès-verbaux de la gendarmerie font foi en justice jusqu'à preuve contraire; ils ne peuvent être annulés sous prétexte de vice de forme, ou pour défaut d'enregistrement, les droits pouvant être perçus avant ou après le jugement (1).

Art. 499. Les gendarmes, étant chargés par les lois et règlements de police de constater, dans la circonscription de leurs brigades respectives, les contraventions qui peuvent être commises, doivent, comme tous les officiers de police judiciaire, être entendus à l'appui de leurs procès-verbaux.

Art. 500 à 504 (2).

Art. 505 à 553 (3).

---

(1) Il y a exception pour les procès-verbaux en matière de roulage, qui, d'après l'article 19 de la loi du 30 mai 1851, sont nuls de plein droit lorsque cette formalité n'a pas été remplie dans un délai de trois jours.

(2) Les articles 500 à 504 relatifs à la feuille de service des brigades sont insérés au règlement sur le service intérieur.

(3) Les articles 505 à 553 relatifs au service de la gendarmerie aux armées sont remplacés par le règlement sur le service de la gendarmerie en campagne.

TITRE V.

Art. 554 à 605 (1).

TITRE VI.

Art. 606 à 629 (2).

TITRE VII.

DEVOIRS GÉNÉRAUX ET DROITS DE LA GENDARMERIE DANS L'EXÉCUTION DU SERVICE.

CHAPITRE UNIQUE.

Art. 630. Une des principales obligations de la gendarmerie étant de veiller à la sûreté individuelle, elle doit assistance à toute personne qui réclame son secours dans un moment de danger. Tout militaire du corps de la gendarmerie qui ne satisfait pas à cette obligation, lorsqu'il en a la possibilité, se constitue en état de prévarication dans l'exercice de ses fonctions.

Art. 631. Tout acte de la gendarmerie qui trouble les citoyens dans l'exercice de leur liberté individuelle est un abus de pouvoir; les officiers, sous-officiers, brigadiers et gendarmes qui s'en rendent coupables encourent une peine disciplinaire, indépendamment des poursuites judiciaires qui peuvent être exercées contre eux.

Art. 632. Hors le cas de flagrant délit déterminé par les lois, la gendarmerie ne peut arrêter aucun individu, si ce n'est en vertu d'un ordre ou d'un mandat décerné par l'autorité compétente; tout officier, sous-officier, brigadier ou gendarme qui, en contravention à cette disposition, donne, signe, exécute ou fait exécuter l'ordre d'arrêter un individu, ou l'arrête effectivement, est puni comme coupable de détention arbitraire.

Les aliénés ne doivent être arrêtés par la gendarmerie que s'ils sont dangereux, et encore, lorsque tout danger a disparu, elle doit les remettre à

---

(1) Les articles 554 à 605 relatifs à l'ordre intérieur, à la police et à la discipline sont insérés au règlement sur le service intérieur.

(2) Les articles 606 à 616 étaient relatifs à la remonte des officiers, qui fait l'objet du règlement général sur la remonte des officiers à titre gratuit, à titre onéreux ou par abonnement.

Les articles 617 à 624, 626, 628 et 629, relatifs à la remonte de la troupe, font l'objet de l'instruction ministérielle annexée au présent règlement.

Les articles 615 et 627 relatifs à la réforme et à la surveillance des chevaux sont insérés au règlement sur le service intérieur.

l'autorité administrative. Ils ne doivent, en aucun cas, être assimilés aux vagabonds, aux malfaiteurs, etc. (Loi du 30 juin 1838 et circ. du 15 mai 1872.)

Voir les annotations de l'article 249 du présent décret sur les flagrants délits.

Art. 633. Est puni de même tout militaire du corps de la gendarmerie qui, même dans le cas d'arrestation pour flagrant délit, ou dans tous les autres cas autorisés par les lois, conduit ou retient un individu dans un lieu de détention non légalement et publiquement désigné par l'autorité administrative pour servir de maison d'arrêt, de justice ou de prison.

Art. 634. Tout individu arrêté en flagrant délit par la gendarmerie, dans les cas déterminés par le présent décret, et contre lequel il n'est point intervenu de mandat d'arrêt ou un jugement de condamnation à des peines, en matière correctionnelle ou criminelle, est conduit à l'instant même devant l'officier de police ; il ne peut être transféré ensuite dans une maison d'arrêt ou de justice qu'en vertu du mandat délivré par l'officier de police.

Art. 635. Dans le cas seulement où, par l'effet de l'absence de l'officier de police, le prévenu arrêté en flagrant délit ne peut être entendu immédiatement après l'arrestation, il est déposé dans l'une des salles de la mairie, où il est gardé à vue, ou dans la chambre de sûreté de la caserne, jusqu'à ce qu'il puisse être conduit devant l'officier de police ; mais, sous aucun prétexte, cette conduite ne peut être différée au delà de vingt-quatre heures.

L'officier, sous-officier, brigadier ou gendarme qui a retenu plus longtemps le prévenu, sans le faire comparaître devant l'officier de police, est poursuivi comme coupable de détention arbitraire.

Voir la loi du 20 mai 1863, sur l'instruction des flagrants délits, aux annotations de l'article 249 du présent décret.

Art. 636. Lorsque la gendarmerie a un mandat à notifier et que l'individu qui en fait l'objet a quitté l'arrondissement, elle doit se renseigner sur le lieu de sa retraite ; et, dans le cas où elle parvient à le découvrir ou à recueillir des indices qui puissent mettre la justice sur ses traces, elle doit en faire mention dans le procès-verbal de recherches infructueuses qu'elle rédige en pareil cas ; elle adresse ce procès-verbal, en y joignant le mandat, au procureur de la République, qui demeure chargé des opérations ultérieures et de transmettre les renseignements, ainsi que le mandat, au procureur de la République de l'arrondissement où l'individu est présumé s'être retiré.

Art. 637. La force publique ne peut être requise par les autorités civiles que dans l'étendue de leur territoire ; elle ne peut non plus se transporter dans un autre arrondissement sans ordres spéciaux.

Art. 638. Si la gendarmerie est attaquée dans l'exercice de ses fonctions, elle requiert, de par la loi, l'assistance des citoyens présents à l'effet de lui prêter main-forte, tant pour repousser les attaques dirigées contre elle que pour assurer l'exécution des réquisitions et ordres dont elle est chargée.

Voir les articles 297 et 417 du présent décret.

Art. 639. Les militaires du corps de la gendarmerie qui refusent d'obtempérer aux réquisitions légales de l'autorité civile, peuvent être réformés, d'après le compte qui en est rendu au Ministre de la guerre, sans préjudice des peines dont ils sont passibles si, par suite de leur refus, la sûreté publique a été compromise.

Art. 640. Les gardes forestiers étant appelés à concourir, au besoin, avec la gendarmerie, pour le maintien de l'ordre ou de la tranquillité publique, et les brigades de gendarmerie devant les seconder et leur prêter main-forte pour la répression des délits forestiers, les inspecteurs ou sous-inspecteurs des eaux et forêts et les commandants de gendarmerie se donnent réciproquement connaissance des lieux de résidence des gardes forestiers et des brigades et postes de gendarmerie, pour assurer, de concert, l'exécution des mesures et des réquisitions, toutes les fois qu'ils doivent agir simultanément.

Art. 641. Les gardes champêtres des communes sont placés sous la surveillance des commandants de brigade de gendarmerie; ces derniers inscrivent, sur le registre à ce destiné, les noms, âge et domicile de ces gardes champêtres, avec des notes sur leur conduite et leur manière de servir.

Art. 642. Les officiers, sous-officiers et brigadiers de gendarmerie s'assurent, dans leurs tournées, si les gardes champêtres remplissent bien les fonctions dont ils sont chargés; ils donnent connaissance aux préfets ou sous-préfets de ce qu'ils ont appris sur la moralité et le zèle de chacun d'eux.

Art. 643. Dans les cas urgents ou pour des objets importants, les sous-officiers et brigadiers de gendarmerie peuvent mettre en réquisition les gardes champêtres d'un canton, et les officiers ceux d'un arrondissement, soit pour les seconder dans l'exécution des ordres qu'ils ont reçus, soit pour le maintien de la police et de la tranquillité publique; mais ils sont tenus de donner avis de cette réquisition aux maires et aux sous-préfets, et de leur en faire connaître les motifs généraux.

Art. 644. Les officiers, sous-officiers et brigadiers de gendarmerie adressent, au besoin, aux maires, pour être remis aux gardes champêtres, le signalement des individus qu'ils ont l'ordre d'arrêter.

Art. 645. Les gardes champêtres sont tenus d'informer les maires, et ceux-ci les officiers ou sous-officiers et brigadiers de gendarmerie, de tout ce qu'ils découvrent de contraire au maintien de l'ordre et de la tranquillité publique ; ils leur donnent avis de tous les délits qui ont été commis dans leurs territoires respectifs.

Art. 646 à 649 (1).

Art. 650. Les cantonniers, par leur état et leur position, pouvant mieux que personne donner des renseignements exacts sur les voyageurs à pied, à cheval ou en voiture, et étant d'utiles agents auxiliaires de la gendarmerie pour faire découvrir les malfaiteurs, doivent obtempérer à toutes les demandes et réquisitions qui leur sont faites par les sous-officiers, brigadiers et gendarmes.

Art. 651. Dans le cas de soulèvement armé, les commandants de la gendarmerie peuvent mettre en réquisition les agents subalternes de toutes administrations publiques et des chemins de fer ; ces réquisitions sont adressées aux chefs de ces administrations, qui sont tenus d'y obtempérer, à moins d'impossibilité dont ils devront justifier sous leur responsabilité.

Art. 652. Les officiers, sous-officiers, brigadiers et gendarmes, dans l'exercice de leurs fonctions et revêtus de leur uniforme, ont le droit de s'introduire dans les enceintes, gares et débarcadères des chemins de fer, d'y circuler et de stationner, en se conformant aux mesures de précautions déterminées par le Ministre des travaux publics.

Ce droit est limité aux cas où les nécessités du service l'exigent, et ils doivent s'abstenir de suivre à pied les voies ferrées pour rentrer à leur résidence.

Article 62 de l'ordonnance du 15 novembre 1846.

Une circulaire du 16 janvier 1865 défend aux militaires de la gendarmerie de suivre la voie ferrée sans une nécessité absolue et bien déterminée.

La gendarmerie doit suffire habituellement pour la police des gares de chemins de fer. (Instr. du 27 octobre 1891.)

Les contraventions à l'article 2 du règlement relatif à la police des cours des gares (emplacements assignés aux différentes voitures) sont du ressort des commissaires de surveillance administrative ; mais la police locale n'en doit pas moins intervenir dans le cas où les mesures prises par ces fonctionnaires occasionneraient des cris, injures, rixes ou autres délits qui doivent être poursuivis ou réprimés. Quant aux contraventions à l'article 3 dudit règlement qui défend la mendicité et les sollicitations importunes, elles rentrent exclusivement dans les attributions de la police locale. (Circulaire du Ministre de l'intérieur en date du 24 février 1894.)

Art. 653. Les officiers, sous-officiers, brigadiers et gendarmes sont exempts des droits de péage et de passage des bacs, ainsi que les voitures, chevaux et personnes qui marchent sous leur escorte.

---

(1) Les articles 646 à 649 concernaient la surveillance des cantonniers par la gendarmerie, disposition rapportée par le Ministre de l'intérieur.

Le conducteur doit payer pour sa voiture. (Cassation, 16 mai 1861.) Voir l'article 446 du présent décret.

Tout officier, sous-officier et brigadier de gendarmerie voulant voyager sur un chemin de fer pour affaire de service doit être admis au bénéfice de la réduction de prix imposée aux compagnies exploitantes en faveur des militaires voyageant isolément, sur sa déclaration écrite qu'il voyage pour cause de service. Les gendarmes sont admis à la même faveur en présentant une déclaration de leur chef de brigade ou d'un chef supérieur, portant qu'ils voyagent pour cause de service.

Dans les cas urgents, les détachements de gendarmes, porteurs de leurs armes et déplacés pour le maintien de l'ordre public, sont autorisés à monter dans les trains, sans payer préalablement le prix de leurs places. En cas de nécessité et notamment lorsque le déplacement a pour but de répondre à une réquisition urgente des autorités civiles, l'ordre de mouvement, dont une copie doit être remise au chef de la gare de départ, est établi par l'officier ou le chef de brigade à qui la réquisition a été adressée. (Voir l'instruction ministérielle du 26 janvier 1895 sur le transport sur les voies ferrées du personnel relevant du département de la guerre; brochure in-8°, en vente au prix de 0 f. 60 à la librairie militaire Henri Charles-Lavauzelle.)

Les gendarmes ont la faculté de faire transporter leur mobilier aux prix et conditions du traité du 15 juillet 1891.

Tout sous-officier, brigadier, soldat ou assimilé, autorisé à voyager en civil, est tenu de présenter, sur la demande des agents des compagnies de chemins de fer préposés à la distribution et au contrôle des billets, en même temps que son titre de permission portant mention de l'autorisation de voyager en civil, une pièce d'identité, qui est le livret individuel pour les hommes de troupe, la commission dont ils sont détenteurs pour les assimilés. (Note minist. du 6 février 1896.)

Art. 654. Les militaires de tout grade de la gendarmerie qui, d'après les règlements, jouissent de la franchise et du contre-seing des lettres ainsi que de la franchise télégraphique, et qui abusent de cette franchise pour une correspondance étrangère à leurs fonctions, seront envoyés dans un autre département, et, en cas de récidive, ils encourent une punition plus sévère.

Voir l'arrêté du Ministre des postes et télégraphes en date du 24 mai 1897, qui accorde la franchise télégraphique.

Une circulaire du Ministre de la guerre du 27 octobre 1880 rappelle que le droit de franchise télégraphique ne s'applique qu'aux dépêches officielles ayant un caractère réel d'urgence, dans la limite déterminée par la note ministérielle du 13 juin 1891.

Les maires des communes rurales sont autorisés à correspondre télégraphiquement, en franchise, pour les affaires de service urgentes, avec le chef de la brigade de gendarmerie de la circonscription dans laquelle leurs communes sont situées, sous la réserve que si ces communes ne possèdent pas de service télégraphique, ils doivent déposer leurs télégrammes officiels au bureau le plus rapproché.

Le chef d'une brigade de gendarmerie, dans une localité autre qu'un chef-lieu de département ou d'arrondissement, est autorisé à correspondre télégraphiquement, en franchise, pour les affaires de service urgentes, avec les maires des communes situées dans la circonscription de sa brigade et pourvues d'un bureau télégraphique. (Arrêté du 24 mai 1897.)

Les chefs de brigade de gendarmerie sont également autorisés à correspondre télégraphiquement en franchise avec leurs collègues des villes où l'escorte des convois de poudre ou de munitions de guerre doit être relevée, pour leur annoncer le jour du départ du convoi qu'ils ont été requis d'escorter. (Note minist. du 22 juillet 1895.)

Voir les annotations à la suite de l'article 496 du présent décret.

Art. 655 à 659 (1).

Art. 660. Le corps de la garde républicaine conserve, en raison de la spécialité de son service, la constitution particulière qui lui a été donnée par les décrets d'organisation.

TITRE VIII.

DISPOSITIONS GÉNÉRALES.

CHAPITRE UNIQUE.

Art. 661. Toutes les dispositions contraires au présent décret sont et demeurent abrogées.

Art. 662. Les Ministres de la guerre, de l'intérieur, de la justice, de la marine et des colonies sont chargés, chacun en ce qui le concerne, de l'exécution du présent décret, qui sera inséré au *Bulletin des lois*.

Fait au palais des Tuileries, le 1er mars 1854.

Signé : NAPOLÉON.

Par l'Empereur,

Le Maréchal de France, ministre secrétaire d'état de la guerre,

Signé : A. DE SAINT-ARNAUD.

---

(1) Les articles 655 à 659, relatifs aux obligations personnelles, demandes, réclamations et publication d'écrits, sont insérés au règlement sur le service intérieur.

TABLE ALPHABÉTIQUE DES MATIERES

(Les chiffres renvoient aux articles du règlement.)

A

B

C

D

E

F

H

I

J

L

M

R

S

T

Paris et Limoges. — Imprimerie militaire Henri CHARLES-LAVAUZELLE.

www.ingramcontent.com/pod-product-compliance
Ingram Content Group UK Ltd.
Pitfield, Milton Keynes, MK11 3LW, UK
UKHW020341230726
13925UKWH00003B/911

9 782013 371346